爱阅读的孩子会发光

甜甜老师

著

中国友谊出版公司

图书在版编目（CIP）数据

爱阅读的孩子会发光 / 甜甜老师著 . -- 北京：中国友谊出版公司，2024. 12（2025.8 重印）. -- ISBN 978-7-5057-5808-7

Ⅰ . G782

中国国家版本馆 CIP 数据核字第 2024Q62Y51 号

书名	爱阅读的孩子会发光
作者	甜甜老师
出版	中国友谊出版公司
发行	中国友谊出版公司
经销	新华书店
印刷	三河市中晟雅豪印务有限公司
规格	880毫米×1230毫米　32开
	7.75印张　167千字
版次	2024年12月第1版
印次	2025年8月第2次印刷
书号	ISBN 978-7-5057-5808-7
定价	59.80元
地址	北京市朝阳区西坝河南里17号楼
邮编	100028
电话	（010）64678009

如发现图书质量问题，可联系调换。质量投诉电话：010-82069336

阅读一旦成了一件好玩的事情，

孩子和你都会上瘾！

和孩子一起阅读，是件好玩的事情

我的亲身体验表明：阅读本就是一件好玩的事情、让人上瘾的事情。

我从 6 岁时阅读第一篇童话故事就开始上瘾，直到现在。那篇童话故事是《安徒生童话》里的，叫《拇指姑娘》。

回忆起小时候，因为我是留守儿童，自小在乡下长大，又经常生病，爷爷奶奶怕我出去玩有危险，于是在很多时候，我被锁在家中，一日又一日，过了好几年孤独的时光。幸运的是，我亲爱的爷爷时不时会带我去城里买书。神话故事、童话故事、儿童小说、四大名著、唐诗宋词、历史传记甚至科幻小说，我都是囫囵吞枣地阅读，如饥似渴，日复一日。

我以前吃饭很慢，经常被奶奶训斥，自从喜欢上阅读，我成了全家吃饭最快的那一个——孙悟空正打黄风怪呢，哪里等得了！

我当时看书看到着魔，连上厕所都停不下来，以至于很多年之后，我研究生毕业开始教书了，我奶奶还记得我小时候上厕所也要带本书去读。我们乡下的厕所是旱厕，在屋外。奶奶不让我上厕所看书，我就悄悄地把厕所墙上的砖抠一块下来，在里面藏一本很厚的口袋童话或者小说。但还是被发现了，因为我进了厕所就出不来了。

每一本书都是一个奇异的世界，怎能不让人着迷、惊喜、上瘾！

那会儿我跟奶奶一起睡觉。乡下睡得早，每次奶奶都说"再看一会儿就要睡了啊！"我说"知道，知道"。接着过了一会儿，奶奶就开始打鼾，我反而一下子暗暗惊喜起来：奶奶睡着了，就没人催我睡觉了！

我总是记得，有一年冬天，大概也就是我上小学二年级的时候，屋子外面风刮得呼呼响，能听见树枝被吹断的声音。爷爷奶奶都睡着了，鼾声此起彼伏，我窝在被子里，抱着一个热水袋看《三国演义》。看到秋风五丈原那一回，书里写："孔明强支病体，令左右扶上小车，出寨遍观各营，自觉秋风吹面，彻骨生寒。"当时读到这里，我的眼泪"唰"一下出来了，真是一字一句，锥心刺骨。

那样的体验真是生命中的绝美时刻！文学给一个小姑娘灵魂上的震撼，在那一刻达到了顶峰。

还有一回，也是上小学的时候。那时每天会有午休时间，老师在讲台边打盹，同学们都睡着了，我趴在桌子上假装睡觉，腿上却摊开着一本《红楼梦》在看。书中写芒种之时，众花皆卸，大观园的女孩子们饯花神，"满园里绣带飘飘，花枝招展"……真是太美了……后面又写到宝姐姐扑蝶，那一对"玉色蝴蝶，大如团扇，一上一下迎风翩跹……忽起忽落，来来往往，穿花度柳，将欲过河去……"那个夏天的中午，一点嘈杂的声音都没有，只有窗外的树静悄悄地落着叶子，一个小女孩抱着一本书，晃晃悠悠，随着这些绝美的文辞入了红楼梦境，即便到现在，也不肯出来。

你们瞧瞧，我在"阅读"这件好玩的小事情上，真是有非常非常多可以讲的故事，有非常非常多值得回忆的情景。因为这件让人上瘾的小事情，我在原本清贫而孤寂的童年，常常觉得非常幸福！

现在想想，那真是非常非常非常愉快的日子！

因为阅读，我感觉自己拥有了非常广阔的世界！我感觉自己有很多秘密——令人骄傲的秘密！甚至青春期时，我自知不是容貌倾城，但我依旧感觉自己很不一般！阅读让一个敏感的小姑娘多么自得地度过了她的童年啊！

因为阅读，我很小的时候就被老师、亲戚、同学称为"才女"，这无疑使我得到了很大的满足。因为阅读，我可以在很小的时候就展现出很好的口才、很大方自信的状态，甚至小学时就开始当众演讲——给我的同学们讲故事。我绘声绘色、手舞足蹈，讲那些我的同学从未听过的故事。他们因此崇拜我，而我成了班里个子最小的"孩子王"。因为阅读，我在 12岁时就已经确定了职业理想：当老师，当小学语文老师。这样可以永远阅读，并且让小孩子们跟我一起爱上阅读，甚至包括所有的家长。

我一直为这个理想努力，踌躇满志，野心勃勃，直到今天，也必将直到我生命的终结。

　　所以，我想写一本书，跟很多家长分享一下我的故事，以及我在"阅读"这件好玩的小事情上的一些经验、思考，供家长朋友们参考。

　　我要让全世界的家庭都对"阅读"这件小事上瘾。我要让家长朋友们在养孩子的同时，把自己也重新养一次。我、我的学生们、我的家长朋友们，我们可以在生命中共度一些岁月，一起读书，一起上瘾，一起高兴。

　　我非常确定：这一段和家长朋友们同行的岁月，这一段和孩子们读书的岁月，必是我们彼此一生当中最为皎洁的光阴。

目 录

1 阅读是父母给孩子
最好的生命礼物

2 读童话：带孩子打开梦想世界的大门

3 读先贤圣人的故事：塑造孩子终身受用的优秀品格

4 读古诗词：带孩子领略人世间美妙的情感

5 读历史：让孩子从小拥有更高的眼界和格局

6

读小说：用故事拓展孩子生命的厚度和广度

7

从阅读中来，到生活中去

阅读是父母给
孩子最好的生命礼物

用阅读深度滋养孩子的灵魂

我常常给我的家长朋友们分享一首小诗——《挑妈妈》（朱尔创作）。

你问我出生前在做什么

我答

我在天上挑妈妈

看见你了

觉得你特别好

想做你的儿子

又觉得自己可能没那个运气

没想到

第二天一早

我已经在你肚子里

这首小诗是一个小男孩写的。我每次读到它，都觉得心里软软的。写这本书的时候，我也准备生孩子了，有时候也会幻想："我的孩子会是什么模样呢？"有时想想，父母子女一场，不过是一世的缘分。这一生，我们跟孩子彼此遇见，几十年感觉好像很长很长，但细算下来，我们能陪着他们走的路，最多也就到他们 18 岁上大学前。此后，山长水阔，要靠孩子自己走了。我们终究会跟孩子在某个路口分别。

但是，在孩子的童年时代，我们给他们的很多很多爱、很多很多温暖，带他们读一些很好很好的书，看一些很美很美的风景，这些会温暖孩子此后漫长的岁月。培养孩子阅读的爱好，就是给孩子最好的生命礼物。因为阅读是灵魂永恒的滋养，是生命永恒的避难所。

我对阅读的感恩，缘于它真的陪伴着我，治愈了我。我在湖北农村长大，是个留守儿童，父母在深圳打工，我们一年也见不上几天。小学二年级的时候，我生了一场怪病，一晒太阳就会流鼻血。于是，我就只好待在家里。待得无聊了，我只能找书来看。现在想想，那段时光真是清寂的岁月，却也足够幸运。

如今很多孩子沉迷于手机、iPad 等电子产品，却很少花时间阅读，因此错失了和书做朋友的机会。当代信息网络越来越发达，很多人却离传统的阅读方式越来越远。这并不是一件好事，尤其对于小孩子来说。

从这个角度看，丰富反而是一种匮乏。

让孩子拥有从头到尾读完一本书的经历

有的朋友会说，我们现在每天都能接触到更多的信息，知识理应是丰富的，为什么却说匮乏呢？

我不知道大家有没有看过一张脑科学研究中的大脑神经图，每天刷大量短视频的脑袋和能安静看书的脑袋的神经图是不一样的。能安静看书的脑袋，神经图里的信息量会更大。

由此可见，有时候信息接触得越多越杂，人脑的活动反而越少越慢。这是因为我们现在接触的知识基本是碎片化的、结论性的，这意味着看的时候基本不用思考，而不思考的结果就是退化。

很多家长会让孩子听别人拆解书的音频，他们认为花20～30分钟让孩子听一遍，这本书就算孩子读过了，书本里的知识也就吸收了。但真相未必如此。听一本书的拆解音频和孩子自己读一本书，完全是两回事。

现代人学习和生活的节奏越来越快，看起来是节省时间了，效率也提高了，好像走了捷径，但这种捷径的背后很可能是深渊。

如今，能够沉下心来慢慢地读一本书，反而是一种很重要、很稀缺的能力。在"读书"这件事情上，有的时候慢下来反而会快。

我一直打比方说，玫瑰精油再好，也肯定不如一朵晚风中盛开的玫瑰。涂一点玫瑰精油闻闻香味，和真正去看一朵玫瑰，品味它的芬芳，感受是完全不同的。

别人拆解的书或许很精彩，却是别人思考后的领悟，不是自己真正的感受。这样的"阅读"是有很大问题的。因为孩子永远没有自己的体会，没有自己琢磨、判断甚至是批判的过程。

很多书里都有争议的内容，真正阅读的时候是需要思考的，甚至是发现问题和提出问题。发现问题和提出问题，是孩子增长能力的外在表现之一。孩子只是听别人讲，一定无法产生这样的效果。

我现在正在做的事情，就是希望让孩子们有这样一段经历，一段把一整套书从头到尾读下来的经历，一段阅读、思考并学以致用的经历。

读书最重要的是开心和成就感

有一些朋友把读书看得非常严肃，一开始就跟孩子讲一些价值、上高度、找意义之类的话。好吓人！

在我看来，有意义之前，要先有意思。

阅读对我最大的影响是让我很开心。难道还有什么事情比开心更重要吗？

有时候遇到一些事情，我的心情很紧张、很抑郁，但只要翻开书，心情就会变得十分舒畅。而开心的时候翻翻书，我会更加开心。

好的阅读就应该这样，把开心放在第一位。

对孩子来说，也是如此。当孩子开心的时候，他们阅读的流畅度自然就会提起来。身处这种舒适的状态之中，整个人会特别兴奋，无论是理解还是记忆，都会自然而然，水到渠成。

当孩子从阅读中体会到趣味，他们的一切都会变得很美好，整个人也会变得更有生命力。

孩子之所以喜欢一件事情，一般有两个原因：第一个是开心，第二个是有成就感。

哄孩子开心

孩子童年时代的阅读时光如果能有家长陪伴，便是最好不过了。你们一起沉浸其中，一起阅读，无论什么时候回忆起来，都是闪闪发光的生命经历。

我带孩子读书的时候，通常会很夸张。我用夸张的语气、夸张的肢体动作，跟他们一起阅读、一起讨论。讨论完之后，我还会跟他们聊一下读这本书的感受，比如，这个故事精彩不精彩，这个人物我喜欢不喜欢，等等。简而言之，我真正把读书变成了一项娱乐活动。

可惜，很多家长都做不到这一点，他们总是一本正经地带着孩子阅读。爸爸太像爸爸，妈妈太像妈妈。其实，小学时期的孩子并不喜欢太刻板的家长。多跟他们一起玩、一起笑、一起哭，他们会从阅读中获益更多。

给孩子成就感

孩子们跟我读完书之后的体会，与跟其他人读完书的体会大不相同，这源于我独特的引导方式。我会让孩子们在阅读的过程中找出精彩的片段或者经典的语句，然后把它们运用到讲故事中，运用到写作中。

正是由于这种积累，孩子们在日常生活中经常会说出很多精彩的"金句"。比如，我教的孩子在跟同学聊天的时候，会不经意地说出一些句子，其他同学会觉得很美，但是自己又不清楚这些句子的确切意思，所以就拿出 iPad 查阅，看看这些句子到底是什么意思。我教的这个孩子觉得自己懂得很多，也会很开心。

他们把读过的文字写到文章里去，老师也会觉得他们善于积累和运用，非常优秀。

孩子很喜欢让别人觉得他厉害。因此，要多给孩子展示的机会。这样一次次的正反馈会让孩子更爱读书，想涉猎更广泛的知识。

在鸡零狗碎的人生中发现文字的美

我刚开始招生时，很多家长把孩子送过来的目的是让他们考试拿高分。这个目的当然可以达到，但是随着时间的推移，家长们的想法和感受会有些许变化。

比如，最近有一个家长说："甜甜老师，你好！我不知道是不是受到你的影响，读到'感时花溅泪'这句话时，我会泪流不止。"还有的家长说："感谢你让我在鸡零狗碎的生活当中发现文字的美。"

看到这些改变，我真是无比快慰！有时候，孩子读书可能是为了考试多得几分，至少很多家长朋友最初是这样打算的，这是人之常情。但是更多的时候，我希望孩子可以通过文学让生活快乐一点、让生命自由一点。因为文学是有力量的。

有个家长跟我说："甜甜老师，我之前觉得自己饱受苦难，内心非常压抑。但是我听你讲孔子、孟子，讲李白、杜甫，结果发现人生各有各的苦。那一刻，我觉得我的苦难也还好。并且，我还找到了一些生活下去的力量和勇气。"

据她说，她的抑郁好了一些，快乐也多了一些，至少在读书听讲当中会感受到细细碎碎的能量。

你看，文学就是如此有力量，只要阅读，就会有所收获。

当然，阅读的内容也很重要。

为什么要读童话

童话是孩子在人生的初始阶段能够品尝到的"糖"，它很重要。虽然长大以后，我们都知道童话的很多情节是虚构的，但是当初在读它们的过程中，心灵上得到的那种极大的抚慰、那种爱、那种信仰、那种温暖是不会变的。读过童话的小孩遇到生命中的艰难时刻，会有一种神奇的力量相助，从而渡过难关。

为什么要读先贤圣人的故事

读先贤圣人的故事，会让人产生一种憧憬。即使我是个普通人，即使我生活在泥淖里，活得非常卑微，眼中只有日常琐碎，我也能从他们的故事中得到启发：原来人还可以是那个样子，那么高贵，那么纯粹。即使我们成不了圣人，我们也可以终生朝圣。这个追求的过程，便已使我们不同了。

为什么要读古诗词

古诗词的语言那么简洁，那么精辟，那么优美；古诗词给人的感受，或欣喜，或伤感，或含蓄，或直白，或幽深，或辽阔，总是令人回味无穷。

甚至一阵风，一帘雨，一场雪，一点相思，跟朋友约一壶酒、喝一杯茶，也能成诗。古诗词可以用精美的文字写一件很小的事情，这很伟大。

为什么要读历史

读历史让人聪慧。

从小读历史的孩子，他的眼界、格局、气度都不一样。

历史中有铮铮铁骨，有壮志豪情，有家国大义，有民族情怀，有兴衰规律。历史能给孩子很多启发、很多震撼，助力他们形成大格局、大气魄、大情怀。

并且，文史自古不分家，读历史能更好地了解时代、了解文学、了解人性。如此这般，融会贯通，孩子有用不完的素材、用不完的典故，口语表达和书面写作会更加出彩。

为什么要读小说

读小说的时候会发现，我们最喜欢的小说家总会创造另外一个世界。

普通人每天生活在琐碎的事件之中，比如，接孩子放学，陪妻子逛街，聊聊水费、电费是多少，贷款要还多少，等等。

但是，你如果读小说，就会发现其中有很多不同的世界、不同的生命状态。就像哆啦 A 梦的任意门一样，你可以随意到不同的世界走一走、看一看。

比如，早晨刚在法国诺曼底地区的乡村参加了一场浪漫的婚礼，晚上就可以去宋朝的某条巷子里看一群美丽的姑娘点茶；今天这里才发生了一幕生离死别，明天另一个地方又将上演一场爱恨情仇。

小说会让你觉得原来生活有更多可能性。你不能进入小说中的场景，但是你的思绪可以飞过去，你可以"认识"古今中外各式各样的人，可以"看到"古今中外各种各样的东西，甚至你可以在小说中治愈自己。

小说真的是一种很神奇的文学体裁，它不是一个公式，而是一个过程，会让人觉得生命有血有肉，会让人觉得生命热气腾腾。优秀小说中人物的悲伤、羞耻、快乐、激情都是非常强烈的，很容易击中人心。

阅读的概念是很宽泛的

阅读并不只是读有字之书。在孩子生活的方方面面，阅读都是重要的内容，就连和别人聊天都是阅读的一部分。聊天的时候，可以训练孩子及时理解和复述的能力，有助于提升表达能力。

听歌也是一种阅读。我跟孩子们说："去听一首歌，叫《青花瓷》。"歌词里写"天青色等烟雨，而我在等你"，这其实就是诗词语言。

阅读的概念其实是很宽泛的。"阅"是阅历，"读"是用眼睛看、用耳朵听、用鼻子闻、用手去触摸、用心灵去感受。跟他人聊天、听歌、旅行、观察世界，都是阅读。

我经常在户外直播的时候给大家讲作文，讲怎么看我们生活的世界。我们在公园里闲逛，看杜鹃花开，看石榴挂满枝头，看湖边圆钝的石头，看安静如琉璃的湖水，看风动涟漪，看不同明度和纯度的绿，听风吹过林间，听窗外嘈杂的声音。这样直播，大人和小孩都开心得不得了。大家都感叹：哇！这样的语文课真带劲！这样的阅读经历真带劲！

感受阅读的巅峰体验

阅读带给孩子的还有身处巅峰的体验感。当然，每个人的巅峰体验可能不太一样。

我之前提到过，一位家长说她读《春望》时哭了，我觉得那是一种巅峰体验。

我上大学的时候，有一位老师给我们讲音乐，在班里播放秦腔，我瞬间头皮发麻。对我来说，那个头皮发麻的瞬间，就是我在听音乐时的巅峰体验。

同样，当阅读的巅峰体验来临的时候，生理和心理都会有很明显被触动的点。

阅读的时候，如果头脑中有很多乱七八糟的思绪，没有全身心地投入，是不可能有这种体验的。阅读时，一旦人真正进入作品之中，就会跟作者站在一起，拥有或强烈或微妙的巅峰体验，重要的前提是能够专注起来。

甜甜老师送给家长朋友们一句话

阅读不应该只是孩子考试提分的工具，如果只把它当作提分工具，就把它想得太窄了。毕竟岁月悠长，阅读应该让漫长的岁月里有愉悦、有期待。阅读，是每个人一生中最浪漫的"事业"。

家长朋友不妨和孩子聊一聊阅读是怎么影响自己的，如果想不出来，是不是得反思一下呢？

兴趣才能养出爱看书的孩子

孩子对阅读的喜爱，首先从兴趣开始。家长们刚开始培养孩子的阅读兴趣时，可以选择一些比较容易读的书。比如，从一些故事性强的书开始，再慢慢地把经典读物融入进去。而且，一定要用好经典读物和故事性强的书之间的桥梁——经典的变体。

找到孩子感兴趣的书

故事类的书其实有很多种，比如童话、神话、小说等。

我从小就对故事类的书很感兴趣，很大一部分原因是我小时候生病，一出门就会流鼻血，只能在家里老老实实待着。

为了让我打发无聊的时光，爷爷给我买了一些书，有《中国神话故事》《唐诗故事》《宋词故事》《西游记》《红楼梦》等。

这些书都是我爷爷在地摊买的，基本是旧书。有些书页已经不全，看的时候故事总是不完整。我特别想知道，这些故事到底是怎么发展的。我记得特别清楚，看《西游记》的时候，读到黄风怪那个故事，书页缺了，我就很想知道它到底怎么了。

后来，我就跟爷爷说："爷爷，我想看完整本的。"然后我们去了一趟城里，我第一次去了新华书店，坐在地上看了一下午书。我看的书里有一本很有趣——《镜花缘》。那时候，我才 8 岁。

家长们也可以试试给孩子一个"残本"，让他读一读。当孩子像当初的我一样，对残缺的内容日思夜想的时候，自然会对阅读产生兴趣。

很感谢爷爷在我小时候给我买的那些书，让我误打误撞地接触了一些很优秀的作品。虽然内容残缺，但都非常经典，培养了我选书的品位，也浸润了我的人生。

毫不夸张地说，到了中学时代，我只要看到一本书，拿起来翻两页，就知道作者的水平怎么样、内容好不好。作者的语言文字功底如何，我一读便知。所以，我一直觉得读好书是很重要的，它能够培养最单纯的审美意识。

当然，很多家长也会有走偏的时候。比如，他们只顾着给孩子选经典作品，却忽略了孩子的兴趣和精力，一开始就让孩子读《三国演义》《儒林外史》等大部头作品的原著。

这些书家长自己都不读，怎么能要求孩子读呢？孔子说"己所不欲，勿施于人"，就是这个道理。

我的建议是，家长自己都读不下去的书，就先不要选来给孩子读了。

选经典读物给孩子读是很好的想法，但是当孩子读不懂的时候，可以给他选择经典的"变体"。

包括我自己，现在也会读经典读物的变体。比如《山海经》的变体——《山海灵》，它就是一本国风画册。它把《山海经》里有趣的部分用很新潮的方式画出来。这种形式非常新潮，更加贴合现在小孩子的需求。

当然，选择变体的经典读物时，要保留原著的精华才行。比如，《史记》是原文，而《少年读史·小史记》是变体，它既保留了《史记》原著的精髓，又做了一些现代的改编，把它作为《史记》的入门款就很好。

孩子把这个变体读完之后，再去读《史记》的原文，就有了底子，读起来会更顺畅。因此，家长在给孩子选书时，要变通一下、灵活一点。

现在，还有很多新的读书方式。比如，有的老师把《世说新语》画成了漫画，我觉得这样也挺好的。如果刚开始阅读就把难度拉得太大，孩子可能会产生抗拒心理，会逆反，尤其是正在上小学的孩子，不用着急嘛！

买的书不如借的书

除了读感兴趣的书，让孩子借书读，也是培养兴趣的好方法。有一句很直白的话："买的书不如借的书，借的书不如偷的书。""偷"书，当然不是真的偷，而是偷偷看别人的书。

我上小学的时候，自己家里的书看完之后，就去借同学的书看。有的书我太喜欢了，看了还想看，他们怕我借了不还，就不借给我看了。

没办法，我只能偷偷摸摸地看他们的书。每天放学之后，我总是最晚回家的那个。趁着没人，我把同学抽屉里的书拿回家，晚上快速地看完，第二天早上我最早到学校，把书放回原位。

我每天都是这样"偷"同学的书看，有时候他们自己还没看完，我就已经看完了。偷偷摸摸看别人的书时，由于时间有限，我往往会不自觉地看得很快、很专注。

有的时候，我会建议家长，可以尝试一下不给孩子买书，而是让他借同学或者亲戚家的书看，这样他会有新奇感。

讲故事只讲一半

除此之外，激发孩子的阅读兴趣，要和孩子玩起来、闹起来。我现在带孩子读书，有时候会觉得自己很夸张，但小孩很喜欢我带着他们闹，小学的孩子就会这样。

激发孩子阅读兴趣的"王炸"是给孩子讲故事，而且要在故事最精彩的部分停下来。

比如，我之前读的《海蒂》[①]，是瑞士作家约翰娜·斯比丽创作的一部儿童小说。其中写道：

> 小姑娘海蒂很小就失去了父母，由糟糕的姨妈抚养。海蒂8岁的时候，被姨妈送去给一个瘫痪的贵族小姑娘克拉拉做伴读。克拉拉的奶奶每天晚上都让两个小姑娘一起读书，但海蒂就是不愿意读。

---

① 出于行文需要，《海蒂》的节选内容综合了多个译本，并做了适度删减。

于是，奶奶想了一个办法：她每天给两个小姑娘讲故事，但是讲到最精彩的部分，她就停下不讲了，说："今天的故事就讲到这里。"

这让海蒂心里痒痒的，非常想继续听下去。

就像我当年看黄风怪一样，很想知道后面发生了什么。接下来，我想你们都知道会发生什么了。

海蒂自己捧起了书本，开始了自主阅读之路。

我带着孩子们读《少年读史·小史记》的时候也是这样。每次读到两个诸侯国要打仗了，紧张局势一触即发时，我就会说："欲知后事如何，且听下回分解！"

但等我下次再讲时，孩子们大多读完了。因为他们等不及，就会自己去读。有一个家长跟我说，她儿子以前看书就犯困，现在可以在椅子上坐三个小时，全神贯注地阅读。

这个方法超级好用，屡试不爽！一讲到千钧一发的时候，我就不讲了。这时孩子们就会央求我继续讲，但我告诉他们"我不讲，你们自己看"。认识字的孩子就会自己看，不认识字的孩子就会让妈妈给他接着往下讲。

孩子们其实最好引导了，毕竟他们比我们更好奇这个世界。

让孩子觉得自己很厉害

当孩子读完、学完之后，他会觉得自己很厉害，会想读更多的书。

我有一个学生上二年级。每次听完我的课之后，她都会给妈妈讲，妈妈听完，惊呼："哇，我宝宝知道得好多！"这个学生就觉得自己特别厉害，于是对读书越来越感兴趣。

有一节课，我把李白一生的故事讲完之后，又讲了一些李白的诗词。她听完之后，就在班级里给老师和同学也讲起了李白。

有些跟她同龄的小孩，可能连李白是哪个朝代的都没搞清楚，她却能讲李白的经历和诗词，还能简单聊聊自己的感受，这是多大的成就感！

从此以后，她所有的课都会认真听完，听完之后她就去讲。

我认为，孩子学完、读完之后，家长应该让他自己讲讲。不管讲多讲少、讲好讲坏，先鼓励孩子做起来，便会越来越好、越来越顺，孩子越来越自信，阅读的动力也会越来越足。

在我的课堂上，我都会让孩子们讲，甚至让他们选一个人物角色来表演。反正，让孩子们去" 瑟"、去"炫耀"，这样他们的自我感觉就会很好。

甜甜老师送给家长朋友们一句话

阅读一旦成了一件好玩的事情，孩子和你都会上瘾！

5 个有效阅读法，让孩子拿来就能用

经常有家长问我，为什么自己的孩子看完一本书，看不懂也理解不了呢?

因为有的小孩读书是做样子给父母看的，并不是真的在读书。他们有可能只是举了半个小时的书，看起来是在读书，但是根本没有收获。

用结果倒逼孩子读书

有时候，可以把结果放在孩子面前，用结果倒逼他们读书。

拿我自己的经历来说，如果我念高中时，到大学里去看看，我应该会更努力学习。为什么? 因为我那时候觉得大学都差不多，没想着好好学习。后来，我才发现，北大很不一样。

早几年的时候，我在北京读书、工作，有一回跟同学去一个艺术博物馆看中国的传统服饰，顺便在北大的校园里逛了一会儿。那种书卷氛围让我大受震撼，让我明白顶流大学真的不一般。这不是谄媚，大家可以带孩子去实地感受一下。

但只是去看还不够，需要有人引导才行。有的家长只是带孩子到北大门口拍一张照片留作纪念。这对促进孩子的学习帮助不大。

如果家长带孩子到北大红楼走一走，讲讲北大的历史和培养出的人才，让孩子亲身感受一下顶流大学的氛围，孩子的自主学习力可能瞬间就会被激发出来。

跟大家讲一个我自己的故事。多年前，我在北京读书，去北大找一个同乡的哥哥，路上听到北大的两个同学在聊物理。听是听不懂的，但我听到了四个字，至今还记得：量子纠缠。我沉默了，甚至叹息。我们看起来几乎同岁，但他们在聊"量子纠缠"，我跟哥哥聊的是"等会儿去哪个食堂吃饭"。

每一所优秀的大学都有其独特的亮点。家长带孩子去走一走，感受氛围，或许会有意外之喜。万一孩子看见两个同学边走路边聊"量子纠缠"呢？万一孩子看见拿着书在梧桐树下认真阅读的哥哥姐姐呢？这些场景都有可能让孩子产生触动。

这也是一种阅读。阅读优秀大学的历史，阅读优秀大学的现状，品味优秀大学的魅力。我一个朋友的孩子就是这样，走进大学校园之前学习上平淡无奇，暑假去了一趟复旦大学，回来后精神面貌不同了，学习很用功，而且很自律。

美好的大学生活，高远的人生理想，会让孩子内心产生更多的渴望。所以，我建议家长，带着自己的孩子到国内甚至国际顶尖的学校去看一看。

分清阅读的目的

有一部分阅读是可以以结果为导向的，这也是促使孩子读书的好方法。带着目的去读书，孩子可以更快地进入阅读状态。

看一些工具性很强的书时，我会有自己的判断，明确自己想从这本书中得到什么。

比如，前段时间我读了一本书《救赎》，它的作者是一位律师，讲的是一些法律援助的真实案例，尤其是婚姻中的一些真实案例。我看的时候就是想了解一下那些女孩子为什么会有如此悲惨的境遇，以及怎样在婚姻中保护自己。

再比如，我最近在备课，看《汪曾祺的小说课》。我想把书中的一部分内容用在我的作文课上，未来还想把它做成研学课件的一部分。这套书很厚，但我不会把它一个字一个字地全本读完，我会看目录，摘取我要的，能完成我的课程设计目的的，再很认真地去读，获取一些知识点。

不动笔墨不读书

知道为什么要读书之后，我鼓励大家在读书的过程中多动笔墨。

读书时，我会要求我们班的学生做批注。对于能触动他们的、有价值的内容，还有一些延伸和迁移的小知识，都要做批注。

比如，我讲到秦孝公和商鞅的故事时，有个细节是秦孝公与商鞅夜谈，秦孝公不自觉地靠近商鞅，这里其实有个典故，叫作"前席"。这时我就会问孩子们："你们记不记得我讲过汉代贾谊的故事、唐朝李商隐的故事，还讲过'可怜夜半虚前席'？"

这时，争着说"老师，我知道"的那部分孩子会更有意愿往下学，因为他们尝到甜头了，他们知道了别人不知道的知识。

阅读时，如果孩子每次都能拿笔随时记录，把自己看到的文章中的隐藏点写下来，理解能力会变得很强。

好的书是要慢慢读的，要真正地把一本书读厚，把里头的每一个点都读清楚。你会发现，书中很多地方都有自己记录过的小小宝藏。看到这些，一个大人都会很有成就感，更别提一个小孩子了。

小时候，我跟着爷爷奶奶一起生活，每周要给爸爸写一封信。乡下的生活很简单，我就把我读的书、想到的事情或者思考的问题写给爸爸看。后来我发现，这不就是议论文吗？我的写作能力就歪打正着地训练出来了。

所以，我觉得有时候写一写随笔挺好的，篇幅不用太长，一两句话就可以。父母可以让小孩试着发发朋友圈，不局限于形式，下笔去写很重要；可以让孩子多模仿书上的句子，因为这是一个很不错的创造的过程。

比如，看见"时间像看不见翅膀的风"这句话时，我就让他们仿写一句双重比喻句。

孩子能写了、会写了，看到自己拿到的结果，会激发主动阅读的意愿。

让孩子讲故事

很多人觉得阅读很难，其实有一部分原因是把阅读妖魔化了，总想提炼出个"一二三"的方法，这其实是不对的。读书就是读书，读完之后孩子能表达几句更好，暂时表达不出来，也没关系。家长可以选好的老师适当引导，慢慢来。

家长想帮助孩子提升阅读能力，可以给孩子讲故事，让孩子进入阅读这个"坑"里。检验他阅读成果的时候，就让他给家长讲故事，给他一个"炫耀"的机会。家长和孩子互相讲故事，形成一个闭环。

对孩子来说，讲故事的时候，说清楚什么人、在什么时间、什么地方、干什么事儿基本就可以了。更高的要求，是让孩子把故事中最重要的一个点或者印象最深刻的地方讲出来。

比如，孩子们讲《将进酒》时会讲李白在嵩山怎样跟他两个朋友岑夫子、丹丘生喝酒，怎样把"将进酒"说出来，他内心的悲伤、纠葛是怎么样的。这样做，孩子会在脑海中建立场景，理解起来会很快。

这其实就是成就一篇好文章必不可少的细节，以及孩子在鉴赏文章当中要思考的内容，这是阅读理解和写作的核心。

所以说，从某种程度来讲，阅读能力强的人通常是会讲故事的人。

让阅读回归本质

很多家长自己不会讲，也不愿意听孩子讲，这会打消孩子阅读的积极性。

　　有的家长做得就很好，孩子跟他讲的时候，他会非常欣赏地去看孩子，甚至会拿手机去记录。但有的家长就不一样，会一会儿回个微信，一会儿刷个抖音。孩子看到家长这样的态度时，会失去讲解的兴趣。家长最应该做的，是给孩子足够的耐心和专注，以及足够的鼓励和支持。

　　而且，孩子刚开始阅读时，家长千万不要一直问孩子："通过读书得到了什么？"一定不要把读书变成考试。阅读是孩子自己的事情，家长不要一直干预，而要让孩子把读书变成家庭里的休闲时光。在一个自己喜欢的温馨的环境里，读一点喜欢的书，真正让阅读回归抚慰人心的本质上来。

甜甜老师送给家长朋友们一句话

　　一定不要做扫兴的家长，要让孩子觉得自己学了之后有成就感，很厉害。当努力有结果的时候，孩子才会愿意一直学！

亲子共读，给孩子最长情的陪伴

眼下，大家对亲子共读有很多不同的看法。

比如在早教阶段，孩子还小，父母陪着孩子读绘本，教他怎么读。这是亲子共读。

孩子上了小学之后，有了一定的识字量，家长就不必非得和孩子一起一个字一个字地读同一本书了，而是可以在同一个空间中陪伴孩子读书。这也是亲子共读。

小学的孩子已经不用喂饭了

很多家长是好心，想跟孩子一起读一本书，但是如果把控不好节奏，孩子其实是有压力的。

你想，家长看书的速度多快呀！一年级的小孩还在写拼音呢，家长都已经把一页看完了。有些家长会忍不住问孩子："看完了吗？这页讲的是什么？"

有些家长不会明说，但是会表现出不耐烦。

这时候小孩会非常恐惧，因为他只看了前面两行字。

其实，亲子共读时，家长做好陪伴就够了。这种陪伴说的是家长和孩子在同一个环境或场域当中，各读各的书。

家长和孩子一起读书，起到的主要是榜样作用。小孩看到父母在读书，会主动去模仿，慢慢就会形成一种很好的读书环境和氛围。

我小时候仅有的几次亲子共读的经历，就是父母陪在我身边，我们各自读喜欢的书。我印象最深刻的一次是有一年过年，漫天大雪，整个村子都停电了，一点光都没有。我们就把那些脏脏的蜡烛拿出来，放在矮矮的桌子上，我们三个人各自读喜欢的书。

很多年之后，我想起这个场景，依然觉得它是生命里很温馨的一幕。在一个万籁俱寂的大雪天，一家人在一起读书，烛光在书页上面晃来晃去。这是我此后人生中很多次写课、讲课的灵感来源。

家长不要站在孩子的对立面

当然，有些家长就是很愿意跟孩子一起读一本书，这也很好。但是，有些家长在陪孩子读书的时候，会大量地给孩子讲道理、提问题。在我看来，这样的做法是不合适的。

为什么？孩子天然不喜欢老师，在他们眼里，老师是站在对立面的，老师是要考他们的，要知道他们有没有学会、能不能考高分。如果家长也这样做，那不是家长的角色，而是扮演了老师的角色。

家长一定要让孩子知道，自己是跟孩子站在一起的，爸爸妈妈是他最亲近且信任的人，不是他的对立面，也不是他的老师，更不是他的面试官。

如果是共读一本书，家长可以在陪孩子读完书之后，跟孩子一起吐槽一下，看看各自的书哪段写得好，哪段写得不好；喜欢哪段，不喜欢哪段。

这样，孩子就会觉得家长是跟他站在一起的，大家是在闲聊，不是在考试。

家长转变心态之后再和孩子进行亲子共读，效果会好很多。

给孩子最高效的陪伴

每个人读书的方式都不同，我就喜欢在卧室里读书。我觉得放松的时候才可以完全沉浸在书里面。

我有个同乡，也是高中同学，考上了北京大学，学地理专业，他的父母都是我们的高中老师。回忆起小时候的亲子共读，他说，当时父母坐在床两边，中间给他留一个小位置，一家人就在一起读书，虽然空间不大，但是阅读的体验很好。

后来高中同学一起聚会，我们经常开玩笑说他能上北大就是因为有这样的爸妈，有这样的阅读时光。

因此，我建议，如果条件允许，家长在陪孩子共读之前，需要先创造一个干净温馨的环境，让孩子拥有可以舒缓下来读书的氛围。

另外，在读书的过程中，家长一定不要一会儿给孩子端牛奶，一会儿给孩子拿水果。因为在亲子共读中，最重要的事情是保持专注。这个要求对孩子如此，对家长也如此。比如，家长表面上陪着孩子，手机却在旁边放着，时不时看上一眼。孩子看到家长这样会非常失望，他不希望家长敷衍他。

所以，烦请各位家长，如果你真的愿意陪孩子读书，那就真正地、高效地陪孩子读书，每天腾出半个小时，认认真真地陪孩子读一会儿书。要知道，陪伴的时间不在于长短，而在于效果。

读完之后，家长可以和孩子闲聊一下，彼此谈谈对这本书的看法。

毫无疑问，即便是同样一本书，家长和孩子的阅读体验也一定是不一样的。家长没有必要强求孩子说出和自己一样的话，或是以自己的标准去衡量孩子的观点。我总觉得阅读是私人的事情，是很个性化的事情。

比如，同样读《少年读史·小史记》里的越王勾践和吴王夫差，家长可以和孩子聊一下对故事中的人物有什么看法，喜欢谁，不喜欢谁，对哪个情节最感兴趣。

闲聊的状态会让孩子放松，才能让他认真思考，这是阅读能给孩子带来的巨大帮助。

甜甜老师送给家长朋友们一句话

　　如果一个孩子在童年时跟爸爸妈妈一起读过书，一家人在温暖的灯光下静静地翻书，那一定是人生当中非常珍贵的体验，孩子一生都会因为这个场景而感到温暖。

　　家长也不妨思考一下，你小的时候有没有跟自己父母一起读书的美妙瞬间？如果有，可以跟你的孩子分享分享，我相信这一定非常美好。

选对书，让孩子轻松爱上阅读

让孩子爱上阅读，选对书一定是非常重要的。帮孩子选一本好书，会让他们的阅读事半功倍。

首先，文采要好，语言要有美感。

故作高深（很浅显的道理，非要用很高深的语言来说明，让人不知所云）或者故作平易近人（为了显得接地气，牺牲了文字的文采）的语言，都不符合好书的标准。

流畅、自然、真实的，能体现语言之美的，有一些设计感的，有自己的小灵光的语言，才是一本好书的基本要求。

其次，内容要好，价值观要正确。

读书，其实是为了做人。

我为什么要当语文老师？因为我认为文学是最重要的载体。在文学中，我能看到很多灵魂。我常常会想，我自己想成为一个什么样的人？我想让我的孩子成为一个什么样的人？

他可能是一个真实地面对自己和别人的人，他可能很坚韧，他可能要有适可而止的理性和略带锋芒的善良。他要会保护自己，又要能够活得潇洒自在、热气腾腾。

我希望我和我的孩子，以及每一个拥抱文学的朋友，终其一生高贵、自爱、自信、勇敢、悲悯、浪漫、包容、聪慧。

我常常感慨，文学真好，文学总会让我们觉得生活值得期待。

因此，我会带孩子们去读一些童话、先贤故事、古诗词、历史、小说。这些类目中有许多非常优秀的作品，一定要先阅读优秀的作品。这就像饮食，最开始吃的东西最好是精心选择、精心烹制的。

我小时候，如果不是爷爷给了我一套四大名著，而是给了我一套三四流甚至不入流的普通小说，我想我对于文字的美感启蒙可能会弱很多。

找到自己的生命之书

一本好书真的会给人带来强大的力量。一旦找到生命之书，生命会变得无比绚烂多彩。

生命之书就像每个人一生中一定会遇到的一首诗一样，它一定会在某一瞬间击中人心。不过，生命之书有可能是一本书，有可能是一篇文章，有可能是一首小诗，甚至有可能只是一句话。

就像有位家长读到"感时花溅泪"时，一瞬间泪流满面，而后便是长久的沉默和思索。她瞬间就被这句诗击中了。那一瞬间她就跟杜甫站在一起，隔了千年的时空，她跟他相遇了。那一刻，她的灵魂跟杜甫一样高贵。

生命之书就是这种感觉，你会在这本书中看到自己，看到他人，看到天地万物。你会得到很多巅峰时刻的体验，会哭，会笑，会掩面沉思，也会击节赞叹。别人或许不理解你的感受，可你却乐在其中。

当然，找自己生命之书这件事不能着急，这是需要机缘的。

我有个学生，正上小学四年级。在我给他们推荐的书籍中，他找到了自己最喜欢的一本书——《窗边的小豆豆》。这本书正好是小学时期需要读的儿童文学作品之一，是一本很温暖的书。

书里讲的是一个叫小豆豆的小女孩，因为太淘气被原来的学校退学了。好在小豆豆有一位很好的妈妈，她带着小豆豆来到了一个很特殊的学校"巴学园"。后来，在小林校长和老师们的帮助下，小豆豆度过了生命中最美好的一段时光。

我这个学生因为在上学，只能晚上回家做完作业看一会儿，他每天都看这本书，每天都觉得好快乐。他的妈妈跟我说，孩子因为这本书会觉得一天的学业也变得没有那么繁重了。

在寻找生命之书的过程中，我觉得最可怕的一件事情是，当孩子为一本书而哭泣的时候，有的家长的反应是："我家孩子怎么了？"

比如，我先前给孩子们讲楚辞，讲屈原，有的小孩听完课程之后痛哭流涕，一直停不下来，有的爸爸吓坏了——其实大可不必，放轻松。

我觉得一个小孩能够在读一本书的时候有那么强烈的情绪

触动，这样的感觉太珍贵、太难得！人生中能有几次为一段文字痛痛快快哭一次？

可惜，很多家长不理解，甚至是嘲笑的心态。

怎么给孩子选书

孩子的年龄不同，对书的需求也会有所不同。

小学一二年级的孩子，最需要读的是童话和诗歌；三四年级的孩子，可以读一些儿童小说和诗歌；五六年级的孩子，阅读范围就很宽泛了，文学类、历史类、通识类的书都可以跟着读了。

具体一点的话，给孩子选书时，我有四点建议给各位家长：

第一点，一定要读经典。

经典之所以是经典，因为它们经受住了时间的检验。千年以前的好作品，如今读来，依旧像才脱笔砚一样新鲜。

大学毕业时，我的导师跟我说了他对阅读的思考，我至今都十分认同。他说："但凡想在你的领域有哪怕一点点的成就，你都必须精读2～4本这个领域的经典。不用太多，2～4本足够，但一定要是经典中的经典。"而且，一些经典需要反复读。经典的好处就在于常读常新。

第二点，一定要看一眼出版社。

很多书有很多版本，这时可以看看出版社。

高标准的出版社出的书，即使定价低、包装简单，编校水平依然是比较高的。

拿《红楼梦》的版本来说，我读过市面上的很多版本，我认为最好的有三个，分别出自中华书局、上海古籍出版社和岳麓书社。

第三点，用好网上的免费资源。

网上有很多推荐书籍的博主，他们是非常厉害的销售，将一本书介绍得很好，很能吊读者的胃口，但其实他们也许根本没认真看过这本书。

盲目相信荐书的博主，有时候书买回来后悔不迭。所以，现在我很少全然相信博主的推荐，而是自己实际看一下，再决定要不要买。

目前有很多方式可以看到一本书的一些内容，比如微信读书、网易蜗牛读书这样的软件。基本上很多书都会有，就算是要付费的内容，也可以看到一些试读章节，大家可以先读一读、感受一下，如果确实觉得不错，再去买。

第四点，从一本书延伸下去。

我们读了一部经典作品，可以就此延伸下去。

比如，我读了汪曾祺的《我在西南联大的日子》之后，会把和汪曾祺相关的书都拿出来看一下，看看自己喜欢哪一本。另外，我还会去搜与西南联大相关的作品，也认真地看一看。

再比如，我读了《苏东坡传》，里面讲到了苏轼人生中一个很重要的人——王安石。我对王安石产生了浓厚的兴趣，于是又去找关于他的书来看；与此同时，在《苏东坡传》中看到了关于"北宋改革"的内容，又对宋朝历史产生了兴趣，于是去读关于宋史的书。

于是乎，从一个点生发，探索一下跟它相关的内容，阅读量就会不断变大，形成群文阅读的效应。

我想，真正的教育一定是激发孩子自我探索的热情，教会孩子自我学习的能力，让孩子拥有高贵的理想、创新的勇气。

亲子共读的书怎么选

很多家长在给孩子选书时往往会遇到很多困扰，想和孩子一起读，却又觉得孩子的书太幼稚。

其实，家长不应该给自己设限，什么书都可以读。

在孩子一二年级的时候，家长能够"明目张胆"地陪孩子读一次童话，让自己回到小孩子的状态，养孩子的同时自己也获得收获，想想也挺浪漫。

孩子步入三年级之后，几乎很多领域都可以涉猎，文学、历史、艺术、科学等，经典与流行可以并行。

甜甜老师送给家长朋友们一句话

好的审美品位要从小培养。

家长不妨想一想：你自己的生命之书是什么？你是否曾经因为哪本书泪流满面？

好的阅读习惯让孩子受益一生

如今，阅读能力不足，已经成为很多孩子的难题之一。家长们陪孩子学习阅读总是很焦虑，希望每节课都能看到一些外化的结果。

比如，家长希望这节课学完了，下节课阅读理解全对，恨不得明天考试就能拿 100 分。

我能理解家长的心情，但是语文成绩的提升确实没有那么快，可是如果孩子能通过一节课或者一本书爱上阅读，后面就会越来越快了。分数只是努力的结果，做好三四月播种和耕耘的工作，八九月的收获是自然而然的。

培养阅读习惯的建议

家长要帮助孩子坚持，比如我带着我的这群小学生读书，每周一、三、五，固定时间晚上七点到七点半。

首先，我会费尽心思让读书这个事儿变得好玩，变得有仪式感。

其次，我跟家长们强调尽可能鼓励孩子坚持，看到孩子的进步和改变就使劲儿夸。后来，很多孩子在我们的读书会课程结束以后，依旧保持着每周三天阅读的习惯。

切记，孩子刚开始读书的时候，就要有"做笔记"这个意识。

我们班的孩子就是这样。我最开始教他们读书的时候，就会教他们怎么做笔记、做旁批，甚至我平常用的各种小记号都会饶有兴致地给孩子们讲，三角形、圆圈、横线、双横线、波浪线、箭头等，一定要把做读书笔记这件事搞得很有仪式感。

我会告诉他们："好的句子用一个波浪线，好的词下面画上一个三角形，特别重要的地方画一个五角星，然后写一个'重点'。"

我还跟他们讲，至少要准备一支红笔、一支黑笔、一支蓝笔，要让书变得色彩斑斓。

小孩都特别喜欢这种仪式感，这让他们觉得读书是一件可以创造的事情，连做笔记都是一件可以创造的事情，变得好玩起来。他们会期待下一次阅读，下一次做笔记和旁批，慢慢地就会养成阅读习惯。

阅读的时间段

至于阅读的时间段，我觉得早晨和晚上这两个时间段的阅读都很重要，但是晨读和晚读的内容会有所不同。

晨读

晨读的目的是让孩子这一天都精神饱满。早上被文学浸润一下，孩子这一天就会不一样。

每天早上起来读 10 ～ 15 分钟，大声地把浊气呼出来，孩子好好地去读一首脍炙人口的经典诗词就可以了。

在读古诗词的时候，那种诗词自带的节奏感、韵律感会让孩子觉得很愉悦，第一个目的就达到了。

如果要进阶，那就是可以背诵一点东西，比如文言实词，比如读的这篇诗歌或者小文章。

晚读

晚读需要一个舒服、安静、让人放松的空间，能够沉下来进入一个阅读的巅峰体验。

我的晚读一般来讲就是半个小时，因为真正精力专注的时间就这么长，如果孩子后期觉得时间可以再长一点，当然也可以，让他尽兴就好。

晚读的内容可以稍微难一点，最好采取"默读"的形式。

阅读速度

我们会一点一点读，鉴赏文章的语言，塑造人物的方法，适当的知识补充和知识的迁移等，这些东西都熟练掌握之后再去训练速度。

阅读是一件和时间做朋友的事。家长不要急于求成，有时候，慢慢来反而会比较快。

当他阅读时非常快乐、专注，当他在阅读中懂得迁移和运用，当他在阅读之后能学以致用，当他在阅读的同时知道如何思考，好的结果一定会出来，这没有任何悬念。

这只是时间的问题，有的孩子快一点，有的孩子慢一点。每个孩子的节奏不太一样，就像不同的花开花的时间不同，但养护得当，自然吐露芳华。

甜甜老师送给家长朋友们一句话

阅读是语文的核心，是语文学习的重中之重。激发孩子的阅读兴趣，培养孩子的阅读习惯，提升孩子的阅读能力，在童年时期是一切的核心。

读童话：
带孩子打开梦想世界的大门

读过童话的孩子，内心更丰盈

很多人说：童话是假的，为什么还要读？

我想说，"真"不是判断文学作品质量的唯一标准。童话是在孩子长大之后，面对生命当中的波折、磨难和苦痛时还能够享受甜蜜的"糖果"。我们从童话中曾经得到的那些关于爱、关于善良、关于友情、关于孤独的感受是真实的，那些给我们生命的力量是真实的，它们是伴随我们一生而不会消散的。

童话是残酷生命中的永恒救赎

我们都知道童话是假的，为什么还那么喜欢读童话呢？

我觉得，如果以真假作为读书的标准，那就只能去看人口普查蓝皮书了。因为不只童话是假的，世界上很多顶级作品都是假的，须知文学的本质就是虚构。

童年时代，读童话、信童话的孩子会有相当甜蜜的生命底色。

另外，我们也可以给孩子创造生命中的童话经历。我小时候就亲历过一次童话。

那时，我的身体不好，总是生病，也不知道什么原因，一晒太阳就流鼻血。

有一天，我在医院输液。当时住的是大通铺，很多人在旁边吵。晚上，我觉得很难受，一直翻来覆去的。

我跟姑姑说，我要回家！

姑姑就跟我说，我们来的时候经过土地庙，土地婆知道你今天要打针，如果你乖乖睡觉，没准明天就能收到土地婆给你的礼物呢！

第二天早上，我醒来发现枕头旁边有一个小蛋糕，五颜六色的，上面还有好多星星点点的糖粒。

很多时候，如果一个小孩子在人生的最初阶段有过这样很梦幻的经历，读过一些好的童话故事的话，他就会觉得人生其实是很甜的。

童话让人保持梦幻和童真

从小到大，我有很多非常喜欢的童话。

比如《安徒生童话》里的一篇《小意达的花儿》①。它讲的是一个叫小意达的小姑娘，她的花园里发生了很多故事。故事里，小意达有一个学生朋友。

---

① 出于行文需要，《小意达的花儿》的节选内容综合了多个译本，并做了适度删减。

“我的花儿都死了，”小意达对坐在沙发上的学生说，“昨天晚上它们还那么美呢。”

“因为它们昨夜去参加舞会了。”学生说。

小意达不敢相信，花怎么会跳舞呢？

“你知道城门外那座大宫殿吗？夏天的时候，国王会去那里避暑。那里有一个大花园，里面有各种各样的花儿，舞会就在那里举行。”学生说。

“可昨天我和妈妈还路过那个花园。树上的叶子都落了，一朵花也没有呢。”

“因为它们都搬到宫殿里去了呀！反正国王现在不在那里。”

“那些花在宫殿里跳舞，难道就没有人发现吗？”小意达问。

“因为没有人知道这件事呀。”学生说，“当然，有时那位管理宫殿的老人会去检查。可是当花儿一听到钥匙响的时候，它们就马上安静下来，躲到窗帘后面去。”

小意达听完学生的话，心想：要是自己也能参加花儿的舞会就好了。后来，小意达爬回床上，不知不觉睡着了。不知不觉间，小意达好像听到了钢琴声。小意达往窗外望去。她看到——

月光透过窗子照在地板上，所有的风信子和藏红花整齐地排成两行。钢琴的旁边坐着一朵黄百合花。它那鹅蛋形的脸庞一会儿偏向这边，一会儿又偏向那边，和着音乐打拍子。

桌上的很多玩具也加入进来，包括小意达的布娃娃苏菲亚。苏菲亚希望这些花儿每天都能陪自己玩。可是，这些花说：

"谢谢你，不过我们活不了多久。明天，我们就要死了。请你告诉小意达，让她把我们埋在花园里。到明年夏天，我们就又可以活过来了。"

这时，客厅的门忽然开了。一大群美丽的花跳着舞走进来。最先进来的是两朵鲜艳的玫瑰，它们都戴着一顶金皇冠——原来它们就是花王和花后。随后进来的是一群美丽的紫罗兰和石竹花，它们还带来了一支乐队——大朵的牡丹花使劲地吹着豆荚，把脸都吹红了；蓝色的风信子发出叮当叮当的响声。还有蓝色的董菜花、粉红的樱草花，雏菊、铃兰也来了。

它们跳啊，跳啊，一直到月亮不见了。于是，这些花互道晚安，然后离开了，房间里又变得静悄悄的。

第二天一大早，小意达急忙拉开窗帘，风信子、藏红花……它们全在，可是已经枯萎了。

这时，小意达才知道，花儿跳了舞之后就要枯萎而死，它们举行了一个告别青春的舞会。

我第一次看到这个故事的时候就在想，我身边是不是也有这样的舞会？在某一个月圆的晚上，会有一群花儿的舞会，只是我从来没有见到过。而且我小时候经常会在夜深人静时，爬起来去看看有没有花儿的舞会。

在很多年之后，我依然觉得这是一个相当美妙的故事。它会告诉你，原来万物是有灵的，在你看不见、听不见的地方，也许会有一场舞会，也许会有"人"在一个月圆之夜唱歌。

这个童话会让人感到很幸福，它会让你觉得，每一朵花都是一个精灵，有自己的想法。我每次在街上看见风信子，都会想到《小意达的花儿》。

童话就是童话，它在最原初的时候，就告诉孩子世界如此真诚，世界就是黑白两色，没有灰色。它就是这样，所以它没有什么很复杂的东西需要思考。

还有一篇童话《海的女儿》①，我真的很喜欢。作者居然能够在想象当中把海底写成那个样子：

> 在海的远处，水是那么蓝，像最美丽的矢车菊花瓣；同时又是那么清，像最明亮的玻璃，然而它很深很深，深得任何锚链都达不到底。想要从海底一直达到水面，必须有许多许多教堂的尖塔一个接着一个地连起来才可以。海底的人就住在那下面。

---

① 出于行文需要，《海的女儿》的节选内容综合了多个译本，并做了适度删减。

你看，他写的是"许多许多教堂的尖塔一个接着一个地连起来"，这就是他描述的海底，那么深，真是一个极好的想象！

再比如：

> 小人鱼挽着王子的手臂，走起路来轻盈得像一个水泡。

安徒生把童话写成了诗歌。

我觉得这篇文章是童话当中最经典的篇章。每个字都很生动，每个字都要去认真感受。

描绘完这些非常绚丽的海底场景之后，美丽的小人鱼出场了。她是一个年幼的公主，有点古怪，不爱说话，是个安静的孩子。

我相信，每个孩子看到小人鱼时，尤其是那种很沉默的、安静的、有自己世界的孩子，一定都会在小人鱼身上看到自己。

安徒生是个会给很多人慰藉的人，这个故事里写了小人鱼的人性光辉——真、善、美的向往和追求，她想得到像人类一样的灵魂。

小人鱼找到海底巫婆。巫婆问小人鱼：

> "你可以忍受你的每一个步子使你觉得好像在刀尖上行走，好像你的血在向外流吗？"

小人鱼说：

"我可以忍受。"

每次读到这里，我都有一种被击中的感觉。一个人竟然可以为她深爱的人和自己的理想承受一切，即使是每一步都走在刀尖上，即使王子不知道小人鱼救了他。

这个童话故事其实也是我的生命篇章，我在小人鱼身上看到了爱不一定是要拥有，她看到王子那么快乐，她也为他感到快乐。

故事里还写了小人鱼的祖母和姐姐给她的亲情，她们剪掉长发去换巫婆的匕首，而姐姐们告诉她：

"老祖母悲痛得连白发都快掉光了！"

真的很动人！亲人就是会在你人生最需要的时刻托举你的人。

最后，她把匕首向浪花扔了过去。太阳升起来了，阳光温暖地照在冰冷的泡沫上，小人鱼也没有死亡，她对着王子微笑，骑着玫瑰色的云朵升入天空。

让人备感幸福的童话

除了《海的女儿》，还有很多其他的童话让人感到很幸福。

比如，有个很小众的童话，叫《幸运就在一根树枝上》。

它是《安徒生童话》中的一篇，讲的是一个很贫苦的家庭，家里只有一棵梨树。最后，这棵树成了一家人所有幸运的来源。

安徒生是一位能给人很多希望的童话作家，他总在告诉我们：生命很琐碎，当你发现很多莫名其妙的波折时，要永远相信有个光明的结尾在等着你。

除了童话之外，儿童小说也应该归到让我们感到很幸福的文学作品中。

比如，我最喜欢的一部儿童小说《夏洛的网》。它讲的是在一个农场里，有一只叫威尔伯的小猪，它没有任何特点，但在小蜘蛛夏洛的帮助下，成了小镇上最出名的猪。

小说的主题很简单，就是主人公是如何在友谊的帮助下从孤独中被救赎的。

这个故事很温暖，时常让我想起生命中遇到的那些让我感到温暖的人，我会觉得自己非常幸福。

还有一些儿童小说，比如《绿山墙的安妮》《窗边的小豆豆》《秘密花园》《快乐王子》等，都是孩子要在小时候读的。它们会让孩子感受到亲情、友情都是很温暖人心的。

还有那些善良并有好报的女孩子，比如阅读《聪明的农家女》《灰姑娘》《没有手的姑娘》。这些故事就会让人感知到其实那些所谓的"套路"，在童话里都不太好用，喜欢玩套路的人最后往往都会很惨。

比如《没有手的姑娘》，它讲的是一个磨坊主和魔鬼签订了变有钱的契约，但是三年之后魔鬼要把磨坊主的女儿带走，女儿为了救自己的父亲，牺牲了自己的手，但是她内心太纯净了，魔鬼带不走她，就只能放弃了。这个断了手的女孩，因为自己的善良最终变成了一位受人尊敬的皇后。

所以，人还是要善良一点，因为会有因果循环。

另外，童话告诉我们最多的，就是只需要拿到人生当中最珍贵的东西就可以了。

比如，有一个故事叫《杰克与魔豆》①，讲的是一个叫杰克的小男孩得到了一颗很神奇的魔豆。他把魔豆种下去之后，魔豆茎拼命地长，直接冲到了天上，爬到一个魔鬼的城堡上。杰克家很穷，总是跑到魔鬼的城堡里吃东西。

有一天，魔鬼提前回来了，魔鬼的妈妈觉得杰克很可爱，就把他藏起来，等魔鬼睡着了之后，再把杰克放出来。杰克准备走的时候，魔鬼的妈妈对他说：

"我这里有魔鬼的金发，你可以拿回去换很多的钱。"

杰克说：

"谢谢，我不要，我现在就想回去，在我妈妈的怀里睡觉。"

另一个故事，讲的是一个牧羊少年。

他家境贫寒，机缘巧合之下，得到了一个可以实现一切目标的宝物。这个宝物可以让他有很多钱，甚至可以让他当国

①《杰克与魔豆》是民间故事，版本众多，本书的节选综合了多个版本，并做了适度删减。

王。你知道他最后要的是什么吗？是一头牛，还有一根可以打坏人的棍子。他认为牛可以产牛奶，棍子可以保护妈妈，这就够幸福的了。

还有一个故事，叫作《聪明的农家女》[①]。

主人公农家女是个很聪明的女孩，因为猜中了国王的谜语变成了王后。

有一天，她因为帮助别人而得罪了国王，国王说：

> "你太虚伪了，回你娘家去吧。当然，你可以在王宫里挑一样你最喜欢的东西拿走。"

农家女说：

> "好！我就拿走一样，同时希望您可以跟我一起吃顿晚饭。"

国王说：

> "行，既然我们是夫妻，我就陪你吃顿晚饭。"

吃完之后，国王就睡着了。第二天早上醒来，国王发现自己在一个农场里，立刻大惊失色，说：

---

① 出于行文需要，《聪明的农家女》的节选内容综合了多个译本，并做了适度删减。

"怎么回事？我怎么在这个鬼地方？"

农家女说：

"王宫当中，我觉得最珍贵、最想要的东西就是你，所以把你带回来了。"

国王很感动，和农家女重归于好，两个人一起返回了王宫。她没有拿走任何金银珠宝，只带走了她最心爱的那个人。

人这一生中，真正需要的东西其实很少。上面几个故事中，杰克想要妈妈的怀抱，牧羊少年想要牛和棍子，农家女想要最心爱的那个人，都是很简单、很朴素的愿望。

就我自己而言，我对目前的生活也很满意，觉得很幸福。我已经拥有了想要的一切——一个还不错的家庭，一个还可以的婚姻，一个我自己喜欢的事业。

小富即安，没什么不好。那些昧着良心割韭菜的事情，我觉得没有必要做。做一些违背原则的事，我会夜不能寐，反而损失更多。

在所有的童话里，我们几乎都能读到一个共同点——善恶到头终有报。

在童话里，善良的人最后都会得到好报。恶毒的巫婆最后要被放到铁桶里烧死；非常柔弱的小男孩能够凭借自己的勇气战胜恶龙去拯救公主；聪明的小裁缝能够凭借自己的聪明才智、勤劳勇敢，最后和公主在一起，成为国王。

虽然在现实世界当中有可能会事与愿违，但是童话带来的那种纯粹的幸福感并不会消失。

甜甜老师送给家长朋友们一句话

在人生命最原初的阶段，如果有童话充当孩子的底色，那么他在现实生活中遇到困难、挫折时也不会太难熬。

童话点亮孩子内心的真善美 📖

童话不是成人的故事，它会在孩子们童年时告诉他们，世界是美好的、值得期待的、善恶终有报、勤奋的人会成功、善良的人会得到仙女的奖赏、勇敢的小男孩会战胜恶龙拯救公主、孤独的时候会有朋友陪伴。

真、善、美是我们之所以成为人的核心点，让我们找到自己要追寻的东西，其实现实生活中会有很多人口中的灰色地带，我们可能没有办法做到像童话那种纯粹的真、善、美，没有办法像童话当中的人一样，经过了那么多波折，还对伤害过自己的人那么好。可是，即使做不到，自己心中还是有一个不能变坏的信仰在。这就是童话带给人的真、善、美的世界。

童话是生命的绝美状态

为什么我们都说了童话是假的，还一直在强调童话中的真、善、美呢？我觉得，童话的真实其实是读童话的人能看见童话人物中的每一个想法，童话中的人物做的每一个决定都基于自己的内心最本真的选择，不需要迎合其他人。

童话也会让孩子知道，在最绝望、身处谷底的时候，其实一直有一个人在默默地陪伴着你，他会给你很多的勇气和力量。

再比如，童话里被继母、姐姐虐待的小姑娘在冬天的白雪之下找到新鲜的草莓，这就是因为仙女会奖赏每一个善良的孩子，庇佑每一个可怜的孩子，这是生命当中的一点甜，就好像童话的结局就是公主和王子幸福地生活在了一起。

比如，《拇指姑娘》①里面有一个老妇人，她特别想要一个小孩，于是去问一个巫婆：

　　"我能不能得到一个像拇指一样大的小姑娘？"

巫婆说：

　　"可以，我给你一颗花种子，你把它种下去，回头花开的时候，就能得到一个拇指姑娘。"

后来，这个老妇人真的得到了一个拇指姑娘。她对拇指姑娘还挺好的，给她用胡桃做了一张床，用紫罗兰花瓣做褥子，用玫瑰花瓣做被子。

有一天，一个金龟子把拇指姑娘抓走了，又把她弄丢了。

---

① 出于行文需要，《拇指姑娘》的节选内容综合了多个译本，并做了适度删减。

她就顺着河水漂流到了一只青蛙的家里，青蛙不让她走，把她放在一片荷叶上面囚禁起来。后来，有一条小鱼看到拇指姑娘，很同情她，于是把荷叶的梗子咬断，拇指姑娘就走了。但是她又落到了另外一个凶险的境地——一只老鼠的家里。老鼠其实还行，但是这只老鼠有个邻居，是只鼹鼠。鼹鼠是个土财主，家里很有钱，老鼠想让拇指姑娘过得好一点，就想把她嫁给鼹鼠。拇指姑娘不想去，她说："即使他很有钱，但我不喜欢他，我不嫁给他！"

后来，拇指姑娘跟一只燕子逃走了，来到了一个有很多花的花园，燕子把她放在花上面，拇指姑娘就看见了花里的国王，她就说："我的天啦！他是多么美啊！"

过了一会儿，国王跟她求婚说："你可不可以嫁给我，做我们花里的王后？"拇指姑娘当然是答应了，因为这个花中的国王是她喜欢的人。

没有一个童话会说，我们因为要符合世俗的眼光或者家族的期待，选择一个有钱人。比如拇指姑娘，她的老鼠朋友让她嫁给富有的鼹鼠，因为鼹鼠家里有非常丰厚的家产——"就是王后也没有他那样好的黑天鹅绒袍子！"但是拇指姑娘却坚定地逃走了。童话里的主人公会遵循自己内心的选择，喜欢谁才嫁给谁，不喜欢的打死都不嫁。他们不会因为身份、财富选择另一半，而是出于自己喜欢。

在《海的女儿》里面，海的女儿本来可以选择杀死王子，再回到海底和她的祖母跟姐姐们在一起，拥有 300 年的生命，可是她扔掉了匕首，变成了海面冰冷的泡沫。她知道自己永远都不能再回到祖母、父亲、姐姐们的身边了，但她还是扔掉了匕首。这就是爱、悲悯、善良。

还有《快乐王子》里面的王子，他站在广场上非常迷人，因为他浑身镶满纯金的金箔，双眼是明亮的蓝宝石，剑柄上还镶着一颗硕大的闪闪发光的红宝石。可是，为了接济城中穷苦的百姓，王子让小燕子一点点把他身上的宝石和金箔啄下，慢慢地他身上的宝石和金箔都没有了，最后他被整个城市的人厌弃，把他推了下来，还把他扔到火炉里烧掉了，可是他没有后悔。这就是爱、悲悯、善良。

童话中的人很多都可以为理想去奋斗，去保护弱小，去当英雄。即使是一个跛脚的小裁缝，他只有一根缝衣针，都可以变成英雄，这种很美的生命状态那么热烈、那么喧闹，我很喜欢。

保持孩子最原初的真、善、美

我喜欢真实，也会告诉孩子接受自己的情绪。因为你是个真实的人，你的愤怒、羞耻、快乐、悲伤都是可以接受的，这都是好的。要接受自己本来的样子，不需要去迎合那些所谓的社会期待，只要你觉得这件事情不危害社会，符合你的内心就可以。

小时候，家里人总说女孩子要平顺随和，要优雅端庄，我也确实这样活了很多年，但是后来我发现"不行，会憋出毛病"，我本性就是嬉笑怒骂、自在活泼，非要改变天性怕是不能。于是等我自己创业，离开了集团公司，我决定全然接纳自己，就是一个像猴子一样的老师，就是要跳起来讲课，就是会在课堂上天马行空，就是要在课堂上大哭大笑。结果没承想，我一炮而红，成为抖音现象级的文学老师，一个如此真实、如此活泼生动的文学老师。

我感觉我就是个大榴梿，喜欢我的人觉得我是"果中之王"，无比美味；不喜欢我的人觉得我奇臭无比。但是，无所谓啊！不需要所有人喜欢我，我只想和真正认可我、喜欢我、追随我的人一起创造新的世界，建成属于自己的万里长城。所以，真实就是接受自己本来的样子。

我鼓励我的学生们去认识真实的自己，去认可真实的自己，去喜欢真实的自己，去发展真实的自己。

另外，在让孩子保持真、善、美的同时，也要让他的善良带点锋芒。我同意孟子说的人"性本善"，但还是要在保护自己的情况下善良。现在不再是古代那种夜不闭户的时代了，善良的前提是能够让自己平安。

我会和我的孩子们讲，善良是很细小的举动。比如，世界上有些地区在打仗，虽然我们什么都做不了，但是你看到了网上的一些惨剧、一些视频，你可以不去嘲笑、不去议论。如果你内心当中有同情，我觉得就已经表现出你的善良了。

家长在跟小学的孩子聊天的时候，还是控制一下负面表达为宜。我们终有一天会知晓黑暗，但我还是希望多些时间光明；我们终有一天会知晓世故，但我还是希望多些时间童真。

就好像有些家长非要跟孩子讲童话是假的，我真的很无语。这些家长小时候也看童话，长大了知道童话是假的，但是小时候看童话的时候多快乐啊！

现在短视频平台上出现了一些博主，给家长讲厚黑学，让家长去培养孩子所谓的向上社交，甚至学习使用手段和权谋，我简直觉得毛骨悚然，不知道的还以为要"九子夺嫡"。更可怕的是，还有很多家长赞同，我不知道点赞的是什么样的家庭，不知道这些家庭的背后是什么样的孩子，也不知道未来这些家庭会怎么样去教育孩子，我总觉得很可怕。

我觉得童话是让人变柔软的，人进化到现在，之所以是万物的灵长，其实并不是我们有多坚强，而是我们有多柔软。人类之所以了不起，是因为我们可以共情和悲悯——这些都是最柔软的东西。

甜甜老师送给各位家长朋友们一句话

一个人最重要的不是有多坚强，而是有多柔软。童话可以让人变得柔软起来。

读过童话的孩子灵气四溢

童话的神奇就在于万事万物都可以想象出来。

比如说，安徒生在童话里写的黄百合可以弹钢琴，它一会儿在左边，一会儿在右边，像人一样在打拍子。

有一个小小的蜡人，头上戴着宽大的帽子，跟顾问官戴的那顶差不多。

大朵的牡丹花使劲地吹着豆荚，把脸都吹红了，蓝色的风信子发出了叮当叮当的响声，好像它们身上挂着铃铛似的。

这些就是一个个童话里的形象，安徒生又基于人的世界有了新的创造。我觉得小孩子看到童话的时候其实也能够想象到他家里有个墨水瓶，墨水瓶像什么东西，可以嫁接到什么样的东西当中去，这就是想象力。读童话本身就是沉浸在童话中，沉浸在遐想的海洋里。

观察能力是想象力的基础

很多家长给孩子讲童话的时候总是只给孩子讲故事，不给孩子看图。这是因为家长不会看图，很多时候他们总是求快。

其实对小学阶段的孩子来说，看图是一个很好的训练观察能力的方式，而观察能力才是想象力的基础。如果一个孩子没有观察能力，看不出别人看不出来的东西的话，他就不可能有想象力。

一切的想象力都是基于细致观察之后的延伸，就好像那些写《山海经》的先民一样。他们的想象力多丰富，可以想象出各种各样奇奇怪怪的东西，这些都是基于他们的观察。《山海经》里提到旋龟，这个动物的形状像乌龟一样，是黑色的，有鸟的嘴巴和蛇的尾巴。我们读了之后，就会觉得这个想象很厉害。

现代动物学家研究之后发现，旋龟和一种活了几千年的鹰嘴龟很像。所以，我们不难发现写《山海经》的先民有那么丰富的想象，就是基于对现实世界细致的观察。

他们能看到每个龟尾巴的形状、嘴的形状，其实鹰嘴龟的嘴巴就只有那一点点像鸟，但是他们观察出来了。

孩子能在一张图中看到更多的东西，就有比别人更强的观察能力，而更好的观察能力后面就是想象力。

想象力让孩子的文章灵气四溢

想象力好的孩子会拥有和别人不一样的世界，他的文章是灵气四溢的。想象力也是我们跟动物的最大区别之一，动物是不会想象的，它们看到什么就是什么，听到什么就是什么，但是我们听到什么不一定认为是什么，就比如我觉得安徒生很厉害，是因为他有无尽的想象力，能够把很多神奇的思绪写出来。

比如上文提到的拇指姑娘，安徒生可以想象一个很小的小孩子像拇指一样高，可以想象她睡的是一个胡桃做的床，褥子是紫罗兰花瓣做的，被子是玫瑰花瓣做的。

我觉得他就是在日常的生活当中可能看到了一个玫瑰花瓣，或者其他什么，就把看见的东西放到自己的童话里，创造出这么好的世界，这么一个截然不同的世界，这么一个能让人拍案叫绝的世界。

我们再看安徒生写的《海的女儿》。几百年前，在没有人去过海底的情况下，他能把海底写得那么美，想象出海底是一个什么样的宫殿。他能想象到海底尖顶的高窗子是琥珀做成的，蚌随着水的流动自然地开合，就像灯一样。有丰富想象力的作家，他的语言、文字、世界都不一样，他能描绘出一个别人看不到的世界来。

家长如何培养孩子的想象力

在童话的基础上创造

先拿我自己举例。我在读童话的时候，比如读《海的女儿》看到安徒生写的海底那么美，我自己也会去想象一下，可能会把它想得再丰富一点。因为他写了窗子、房顶，但他没写床、没写地板，我可能就会想象床是什么做的，地板是什么做的。在这个基础上做进一步的想象，其实很好玩。

我还喜欢改写童话，改写一个情节或者一个结局，这也是想象力。

画画锻炼想象力

除了改写，画画也可以起到锻炼想象力的作用。

我的学员是这样做的：有的人特别喜欢画画，听我讲完故事之后，就会用简笔画把它画下来。

比如，我讲《夸父追日》的故事，有个小孩就把它画下来了，可能每个人心中都有自己的夸父，每个人心中都有自己的美人鱼，每个人心中都有自己的王子和公主。

孩子画画的时候，也在完善他的想象，画的颜色、形状都是独一无二的。

分享就是创造

还可以让孩子讲一讲他听到的童话，因为他会在讲述的过程中不知不觉地创造。孩子给家长讲，家长给孩子讲，家长讲童话的时候也要沉浸其中。而且家长画的时候，孩子也会跟着画一画。相互分享是一个闭环，就像我们前面提到的一样。

像《小意达的花儿》中，安徒生实在写得太精彩了！他写风信子和番红花排成两排，好像卫兵一样，高大的黄色百合一边打拍子一边弹钢琴，玫瑰花是花王和花后，紫罗兰和石竹花一起跳着舞走进来，牡丹花使劲地吹着豆荚，把脸都吹红了。这些描写实在是精彩至极，尤其是牡丹花吹豆荚吹红了脸，这样贴合生活、真实又生动的想象创造了一个绝美的世界。而这个故事是可以无限续写的，孩子们可以想象更多的花朵是怎样来参加舞会的，它们的颜色、形状、气味等，可以将花朵想象成各式各样的角色。这是一个非常有趣且空间无限的想象力训练。

再比如《拇指姑娘》，主角是一个拇指大小的小女孩，遇到金龟子、青蛙、老鼠、燕子、花中的国王，其实我们也可以让孩子们无穷无尽地续写，她还可能遇到很多角色甚至重新回到人类母亲的身边。

还有《海的女儿》，安徒生写下那么美的海底皇宫，我们完全可以去想象那个神秘的世界。

总之，想象力训练有多种形式，比如续写故事、场景还原。想象重在细节，越细越好。

甜甜老师送给各位家长朋友们一句话

想象能够创造一个天马行空的甜蜜世界。带着孩子一起在家里想象一个有趣又简单的童话世界吧。

好的童话故事影响孩子一生

现代童话世界的无奈

我们学习中国古代文学，最开始看的是《山海经》，它讲的是天地万物，思考的是神灵怎么创世，山川河流是怎么来的。

在《诗经》里，我们开始看世界，看我们身边的自然，看我们的劳动。

谈诸子百家的时候，大家想的是怎样规范人的行为，讨论的是"性本善"还是"性本恶"。

战国时期的屈原感慨："路漫漫其修远兮，吾将上下而求索。"他说，前面的道路又远又长，自己将上上下下追求理想。屈原也在思考，天是怎么来的（《天问》），追求人生的终极目标。

然后是三曹七子、竹林七贤、乐府诗，慢慢地到了唐诗宋词、明清小说。

我们会发现，文学的宽度越来越窄，我们从最开始叩问天地、自然到怎么样变成一个大写的人，再到人的精神世界，最后到慢慢变成了一个人的相思、一个人的爱情、一个人的所见所感。

从天地到一个家族，这就是人类思想的演变，从宏大逐渐到细小。

文学发展到如今，变得越来越孱弱了，它没有了最开始那种很粗犷、宏大的样子，变得弱小、柔弱、细微了，这是历史的必然。

因为科技的发展、人类的进步，让文学创作的素材逐渐减少，尤其是童话。

小时候，我们的祖先会说月亮上有一个月宫，嫦娥要奔月，但现在的孩子都知道月亮上是没有月宫的，都是石头和沙砾。

这就是童话世界的无奈，我们探索未知世界的同时，想象力也在被逐渐扼杀。

一定要读的童话故事

如今，真正能够从小到大保持童真和梦幻的人越来越少了，童话作家也越来越少。

一些经典的童话故事和儿童小说是一定要去读的，比如《安徒生童话》《格林童话》《夏洛的网》《芒果街上的小屋》《秘密花园》《窗边的小豆豆》《绿山墙的安妮》《小公主》《海蒂》等。

我的建议是先读好看的童话，再读优美的童话。

好看和优美是有区别的，好看就是情节丰富、曲折动人。现在，市面上有一些儿童故事（比如《故宫里的大怪兽》）虽然跟《安徒生童话》还有差距，但是在情节上是好玩的，而且这本书的立意很新颖，用故宫里的元素把童话讲出来。孩子一二年级时可以大量地读一读这种以情节为主的童话。

童话的语言和内容都很优美，给人的感觉是好像有一阵来自旷野里的风吹过了灵魂的山岗。优美很好，但意境也比较深，所以要在孩子年龄稍微大一点的时候再读。可以先看看《格林童话》，以趣味性、故事性为主，"引发孩子的阅读兴趣"是这个阶段的核心工作。

孩子三四年级时对阅读有兴趣了，也读了很多好看的故事，对文字有了一定鉴赏能力，可以去读一些优美的童话，比如《安徒生童话》。

如果家长选不好童话的话，可以先买回来让孩子试着读读，家长给讲一讲，看看孩子喜不喜欢，孩子的感知能力很强，他自己感受一下就知道了。

甜甜老师送给家长朋友们一句话

童话是我们给孩子在童年时代种下的一棵灵魂深处的苹果树，很多很多年以后，我们还是会闻到苹果花的芬芳。

打开童话的 N 种方式

有的家长和我说，同样的故事讲了很多次，孩子还总是让讲，讲了还不好好听，一听就睡着了。这种情况真让人头疼。

读童话不只读字

其实，孩子是喜欢重复的，特别是更小的孩子，他们会在重复当中体会到熟悉感。孩子对于自己知道的事情有熟悉感的时候，就会重复去做。也许到了后期，他就不愿意听重复的故事了，而要听新鲜的。这是一个阶段，孩子的行为也是正常的，家长不用担心。

我在给妹妹讲故事的时候，她就特别喜欢听《孙悟空三打白骨精》。我讲了几十遍，她每次都听得津津有味，就是因为她听到了熟悉的内容。

比如，我讲到孙悟空第二次遇到白骨精的时候，她会说："姐姐！我知道，她这次变成了一个老婆婆！"

"孩子听一会儿就睡着了"这件事，从某种角度来讲，如果能够让孩子舒服、安逸、满足地睡着，其实也是一件好事。

还有一点，孩子真的觉得无聊时，讲故事对家长的要求还是挺高的，家长要学一下怎么讲绘本、怎么讲故事。把故事讲得绘声绘色，也是家长的核心能力；家长如果讲不好，可以找一个老师带一带孩子。

很多家长太正式了，表现得很拘谨，总是放不开。他们读童话的时候，只是把字音读出来。有的孩子自己认识字，不需要家长帮忙念字。

读童话和平常读书不一样。家长读童话的时候，需要把童话当中想象的夸张和瑰丽的感觉读出来。

在孩子小的时候，家长可以给自己一个机会，重新放开一下，和孩子一起读童话。读童话时，家长可以光明正大地变得"疯癫"起来，让自己再活一次，孩子会帮你重新回到童年。

孩子和家长演绎童话

家长打开自己的时候，会发现自己有无限的想象空间和发挥空间。

每个人心中都有巨人，巨人怎么讲话，我们没见过也不知道，或快或慢，或高或低，怎么讲都行。这就是随意创造，很多家长就是缺少打开自己的机会和勇气，总是活在自己的三点一线当中。

我之前在地铁上看见一对父子一起读书，互相扮大怪兽，演恐龙，全车厢的人看到他们温暖的笑容也觉得很温暖。

每个人小时候走路都会一蹦一跳。爸爸妈妈陪着孩子读书的时候，那个蹦蹦跳跳的自己就回来了。

一些语言文字极优美的童话需要精读，比如《小意达的花儿》《芒果街上的小屋》《海的女儿》等一些很好的片段。它们有很多很优美的句子，比如"轻盈得像个水泡"，这是我会一直记在心里的句子。

读童话的时候，我们开始看的可能是情节，但到了后面就开始注意品味童话的语言，很精美、很优雅、很浪漫、很纯真。

比如安徒生写的童话有一篇《单身汉的睡帽》[1]，里面讲到了两个青梅竹马的小孩子。他们种了一棵苹果树。

> 这棵树欣欣向荣地生长。茉莉也想这样生长。她像一朵苹果花一样新鲜。

后来茉莉的父亲要离开这座城市，去很远很远的他乡，茉莉也得跟着离开，两个孩子哭着分别。

> 茉莉哭了起来，安东也哭了起来。他们的眼泪融成了一颗泪珠，而这颗泪珠有一种快乐可爱的粉红色，因为茉莉告诉他，爱他胜过爱华丽的魏玛城。

---

[1] 出于行文需要，《单身汉的睡帽》的节选内容综合了多个译本，并做了适度删减。

这样的句子多么天真，多么可爱，多么漂亮!

把童话当成创作的蓝本，家长和孩子们可以一起演起来。我们之前上大学的时候去大山里支教，就会让孩子们把这些童话故事编成一个个剧目，让孩子们从童话开始把文学玩起来。关于演绎或改编童话故事，我有下面几点建议:

1. 角色扮演，演出来。

2. 父母讲故事，让孩子听，听完可以复述、讨论。

3. 父母和孩子一起默读，读完鼓励孩子讲述。

4. 阅读加画画。我小时候很喜欢画心中的小美人鱼，在画的过程中串起故事线，还有利于辅助记忆。

5. 让孩子当小编剧，把故事文本变成剧本，顺便训练写作和表达能力。

6. 喜欢的故事可以改编，可以续写，大胆一点。

7. 跟孩子讨论童话里的价值观，塑造高尚人格。

8. 跟孩子一起品味童话里绝美的语言，在阅读中提升语言鉴赏能力，鼓励仿写。

9. 在生活中实践童话，经历过童话的孩子会更加灵气逼人，比如爸爸妈妈真的可以在雪地里藏起漂亮的糖果，让孩子"无意间"发现，因为童话里善良的孩子会得到仙女的礼物——雪地里会有鲜红的草莓。

10. 父母跟孩子一起相信童话，陪他相信童话，不要打击孩子对童话的信仰。不用担心以后孩子会沉浸在童话里出不来，我们都会长大，但相信过童话的孩子的生活会更甜蜜。

甜甜老师送给各位家长朋友们一句话

　　读童话就是让孩子感受到快乐和幸福，家长在讲童话的时候能不能打开自己呢？

每个孩子都是小小童话分享家

　　小孩子要是看到一个特别有意思的故事，他就会跟别人讲出来。我觉得这很有意思。讲童话，不只是讲清楚发生了什么事情，经过是怎样的，还要绘声绘色地讲，加入一些手舞足蹈的表演。

　　比如，《海的女儿》这篇童话故事。

讲解方法

1. 拆分成重要的情节板块。

第一块：海底世界；

第二块：各个公主过生日时第一次浮上海面看到的情景；

第三块：小公主浮上海面看到的情景；

第四块：小公主找巫婆；

第五块：小公主来到王子的宫殿；

第六块：小公主在王子新婚的第二天清晨化作泡沫。

这样一块一块地讲，中间适当连接，让孩子感受到故事是有发展顺序的。

2. 重点板块细讲，不是重点的可以快速讲。

3. 好的句子停下来，慢慢感受语言的美感。如："小人鱼挽着王子的手臂，走起路来轻盈得像一个水泡。"什么叫"轻盈得像一个水泡"呀？水泡是什么样子的？慢慢引导孩子体会。

4. 讲完之后可以跟孩子聊一聊他的感受。

注意事项

对于 4 ~ 7 岁的孩子，不用过多强调小人鱼对王子的爱情，重点反而是海底皇宫神奇瑰丽的景象，小人鱼可爱善良的性格，能感受到这些就可以了。

对于 8 岁及以上的孩子，如果他们对小人鱼的爱情感兴趣，家长不用害怕、不用回避，对于文学中的爱情主题要大胆、大方、轻松、郑重地去讲：爱情是很美好的，和亲情、友情一样，是非常美好的一种情感。毕竟没有爱情，人类如何繁衍呢？

对于年龄更大一些的孩子，可以聊一聊小人鱼的选择。

好的童话是常读常新的。

讲童话的核心在于孩子特别有分享的欲望。比如，讲一个《小猴子吃西瓜》的故事，孩子讲之前就会把这个小猴子想得很细，它多高？什么颜色？穿什么样的衣服？是长袖还是短袖？穿不穿鞋？西瓜是左手拿还是右手拿？童话里没写的细节，孩子要是能讲出来，就是最厉害的。

讲童话就是二次创造的过程，可以让孩子加上动作。创造的过程，其实就是孩子对故事做了一个阅读理解，这对他的写作也起到了潜移默化的帮助。

讲童话，要包括语气、动作、细节，就像演讲的时候一样，演讲的人一定要站起来，甚至可能从舞台这边跑到那边，尽可能打开自己，用全身的细胞去演讲。

讲童话也一样。讲的时候，孩子就是小猴子，是刀尖上跳舞的美人鱼，即便不是，那一刻他也好像站在小人鱼公主的身边，看到她面带微笑地跳舞，像一个轻盈的水泡。

深刻地沉浸在作品当中，孩子为它哭、为它笑，这样讲的故事才是最动人的。讲故事其实是写作的绝佳训练，好作文的核心就在于细节，如果孩子能写出这个细节，别人写不出来，他的文章就比别人的好。

甜甜老师的推荐书单

- 《安徒生童话》
- 《格林童话》
- 《夏洛的网》
- 《尼尔斯骑鹅旅行记》
- 《山海灵》
- 《叶圣陶童话》

读先贤圣人的故事：
塑造孩子终身受用的优秀品格

先贤圣人为孩子树立人格榜样

先贤圣人既是真实的人，却又近乎神明。我时常在看他们的故事、文章时感叹：原来人真的可以如此高贵地活着。我常常想，即使我和孩子们做不到他们那样，也要让先贤圣人成为孩子们心中的那束光。

先贤圣人很多

古代先贤圣人很多，我会重点讲孔子、孟子、庄子、杜甫、欧阳修和苏轼。

先贤圣人也是普通人

很多人看待孔子和孟子之类的先贤时，总是先入为主地把他们当成"圣人"。这样其实是不对的，我们应该先把他们看成普通人，他们都是从普通人变成圣人的。所以，我在讲他们的故事时，会先把他们还原成真实的普通人。

孔子很真实，并不像我们想的那样是一个教条主义者，他也会生气、会骂人，他其实很可爱。

比如，有一次卫灵公的夫人南子想见孔子，就派人去请。南子是一个美女，孔子不想去但又不得不去。在孔子回来之后，学生子路有点不高兴，他斜着眼睛看着孔子说："夫子还舍得回来？"孔子顿时气得满脸涨红，说："我对天发誓！我对天发誓！我要是做了违背礼仪的事情，就让老天爷厌弃我！"

孔老夫子是个非常真实的人，有时候他的情绪很激烈，绝不是个如同枯木的无趣之人，甚至在他年纪很大的时候，他也是个可爱的老头。

孟子也是一样，他每到一个地方都能用自己的言辞让国君非常信服他，即便国君不遵循他的道义，也会给他很多钱，所以孟子比他的偶像孔子在经济上要宽裕得多。

孟子发现自己实现不了理想后，就回家去教书、写书。他的真实会让人觉得他好像就在我身边，他不教条主义、不刻板，讲话也不咄咄逼人，而且很难得的是，他始终有一股少年意气在身上。

他们本是普通人，又何以成为圣人？是因为他们能用自己的一生去践行他们信奉的真理。很多道理我们都知道，但做不到。比如，我们都知道"仁义礼智信"，想要一辈子都去践行它们却很难。他们一生当中可能会遇到很多波折，感到困顿和窘迫，但他们仍坚持不懈，在石缝中开出花来。

先贤圣人拥有高贵的灵魂

在成长过程中，因为了解了孔子、孟子这样的圣人，我才知道原来人可以如此高贵，人真的可以超越自我的局限，在有限的时间光耀千古。

比如我们的孔老夫子，他的身上展现的是天地、自然、众生。孔子一生中都在说"仁"，他跟很多人讲什么是"仁"，从不同的角度回答了什么是"仁"，其中最触动我的就是"仁者爱人"和"己所不欲，勿施于人"。

"仁"这个字，其实是两个"人"写在一起，人和人挨着，就会有关系发生。这个关系是剑拔弩张还是融洽和平呢？

孔子说：

"己欲立而立人，己欲达而达人。"（《论语·雍也》）

这句话的意思是，自己想立足时也帮助别人立足，自己想发达时也帮助他人发达。我们想到自己的时候，还能想到其他人，这就是孔子说的"仁"，展现高贵的灵魂。

让孩子从小就接触这些先贤圣人，让他们知道原来人可以那么大气、那么纯真，这种最纯粹的人性是那么可贵。

在生命原初的时候，见一见星辰大海，孩子才会知道：原来眼睛看到的，可以是更广阔的世界；原来心中装着的，可以是众生。

就像《月亮与六便士》一样，读过先贤圣人的孩子会知道天上有月亮；如果没有读过，他看到的就永远只是脚下的六便士。

孔子周游列国，在快饿死的时候他说：

"朝闻道，夕死可矣。"（《论语·里仁》）

孔子说，如果早晨能够得知真理，即使当晚死去，也没有遗憾。其实，他所推崇的理想就是普天之下所有的老百姓最本真的想法：君王能够爱自己的百姓，百姓能好好地活着，活得稍微有尊严一点，活得稍微幸福一点。孔子这一生最大的理想是人民生活得稍微幸福一点，而不是自己取得多大的成就。他的灵魂高贵无边。

带孩子读先贤圣人的时候，家长要读一些原文，进入场景去演绎。

比如，我上课的时候如果只给孩子们讲"安贫乐道"，这就和我听量子纠缠一样，他们完全听不懂说的是什么。

但是如果跟孩子们讲，颜回是孔子最得意的弟子，就像孔子的儿子一样，孔子很喜欢他，但是他家里非常穷、身体非常弱，即使是这样，他还要学习。

子曰："贤哉，回也！一箪食，一瓢饮，在陋巷，人不堪其忧，回也不改其乐。贤哉，回也！"（《论语·雍也》）

别人都觉得颜回生活得好惨，但是颜回自己不觉得。他的想法是粗茶淡饭能吃饱就行，而且有老师在，可以跟他学习，就很快乐了。这就叫"安贫乐道"。

甜甜老师送给家长朋友们一句话

　　古人说，"天不生仲尼，万古如长夜"。如果上天没有让孔老夫子降生，我们中华民族必定会一直处在黑夜当中。先贤圣人是一束光，能够照亮世人的路。

教会孩子真正的善良

真正的善良就是看到别人的苦难，心有戚戚而为此做出一些改变，即使做不到，也要去努力！

善良的方式多种多样

善良有不同的表现形式。每次一看到"善良"，我都会想到孔子。他当年跟弟子周游列国，生活那么凄惨，没有钱，甚至还被人追杀。在经过泰山的时候，孔子看到有位妇人在哭，他"轼而听之"，也就是扶着车前的横木听那位妇人的哭声。孔子的行为所表现出来的是一种谦卑、恭顺的态度。

孔子很同情这位妇人，就问她："你为什么哭？"

妇人说："我们住的这个地方有老虎，我的公公被老虎咬死了，我的丈夫也被老虎咬死了。今天，我的儿子也被老虎咬死了。"

孔子问："那你为什么不离开这里呢？"

妇人回答："这里没有残暴的政令。"

过了很久，孔子才说：

　　"小子识之，苛政猛于虎也。"（你们年轻人要记住这件事，苛刻残暴的政令比老虎还要凶猛可怕啊！）（《礼记·檀弓下》）

　　每次读到这个故事，我都很感动。孔子其实没有必要去周游列国，也没有必要把自己搞得那么窘迫。他这么做，完全是出于对天下众生的同情。

　　他看到这个可怜的妇人，心里的想法是：国君要对百姓好，要让他们能够正常地活着。这种善良是对生命的尊重和怜惜。

　　还有一次，他的弟子子贡在别的国家看见一些沦为奴隶的鲁国人，就把他们赎了回来。被赎回来的人要给子贡一些赏金，但是他既不要钱，也不留名，无偿做了这件事。本来大家都认为这是一件好事，但是，孔子知道后把他骂了一顿。

　　孔子说："这件事可能对被赎的人是善良，但是对其他人就不是了。有人会觉得我救了一个人又拿了钱，没有子贡的道德标准高。做了好事还要被别人说，那就没有人愿意做了。"

　　可见，孔子想到的永远是众生，这是多么伟大的善良啊！

你的善良要带点锋芒

　　善良并不是软弱，也不是说任人欺负，这不是一回事。就像有些人认为儒家思想不好，而且他们总拿一句话说事：儒家思想提倡以德报怨，即用恩惠来报答怨恨。他们说，你看这种想法多么糟粕，别人都打你了，你还不记仇，还要用恩惠报答仇恨，那你就很可能被社会毒打。

其实，孔子在后面紧接着说：

"何以报德？以直报怨，以德报德。"（如果用恩德来报答怨恨，又该用什么来报答恩德呢？用正直来回报怨恨，用恩德来回报恩德。）（《论语·宪问》）

孔子的意思不是让人以德报怨，而是要以直报怨。孔子并不是一个文弱书生，他是会武功的。如果看见有人作奸犯科，他可不会袖手旁观。

我们要教导孩子保持善良，但不论是在孔子所处的时代还是现代，善良都应该是有前提的。对于有善良品质的人，就应该用善良回报善良；对于品质有问题的坏人，就不用对他善良了。

善良确实是我们的本性，世界大部分是光明的一面，我们以善去回报善，让世界更美好，让美好更加倍；但如果有恶，还是得还击。

在孔子、孟子推崇的世界里，善良的人能得到很多回报。因为你善良，别人会爱你，而爱本来就是一种巨大的回报。

人都是这样的，你善良、对别人好，别人也对你好；你恶毒、对别人不好，大家都会远离你。到最后，你就无法融入社会，成为孤家寡人。

如果掌握不好善良的分寸，它就会变成一把利剑，伤害到孩子。善良的前提就是保护好自己，让自己在不受伤害的情况下互相"出好牌"。

现在的社会更加复杂，家长还是要给孩子普及一点法律知识，让孩子保护好自己、照顾好自己，健健康康地长大。

比如，我上大三的时候就被骗过。有一次我出校门，在学校门口有一个穿制服的人把他的证件拿给我看，然后问我："能不能把手机借我打个电话？"我当时觉得没事就把手机给他了，结果他拿着手机跑了！

其实这也不是坏事，因为我从那天以后，再碰到陌生人，我就很警惕了。

甜甜老师送给家长朋友们一句话

先贤圣人的故事会激励孩子们成为善良的人。

有情有义的孩子，运气不会太差

有的人觉得有情有义就是蠢，或者是不懂得变通，仿佛与这个世界格格不入。其实，这是因为他们在生活当中被无情无义伤害过，所以心中会有一些愤懑。

有的人常常把"自古深情留不住，唯有套路得人心"这句话挂在嘴边，但是你想想，在说这句话的时候，会不会觉得其实是有点拧巴的。当你一直在调侃"自古套路得人心"的时候，你的内心其实是渴望深情的。有时候，时代的灰尘不可避免，但我们可以让自己心如明镜，当灰尘落在镜台时，记得拂拭它。

情义是孩子生命中的一束光

孔子一直强调"仁"，一直都对弟子、百姓有情有义，他也得到了别人回馈的情义。

比如，仲由得知老师生病之后，即使身在卫国，也要不远千里回来看望他；孔子死后，端木赐为他守孝 6 年。

但凡说到他们，我们就有一种敬佩的情绪油然而生，我们为什么喜欢他们？不就是因为他们有情有义吗？

《论语·宪问》中有个故事是这样的：

> 子路宿于石门。
> 晨门曰："奚自？"
> 子路曰："自孔氏。"
> 曰："是知其不可而为之者与？"

子路是孔子的一个弟子，在石门住了一夜。

第二天早上，守门人问他："你从哪儿来？"

子路说："从孔子家来。"

守门人说："就是那位知道做不成但还要去做的人吗？"

孔子知道做不成，却还要周游列国，漂泊了十几年，到最后垂垂老矣、两鬓斑白。他后悔过吗？他没有。

这不就是出于心中的情义吗？不就是对于天下人的情义，对于世间正道的情义吗？

再看文学家中，更是诸多人物因为有情有义，光耀文学的夜空。

诸葛亮在《出师表》中写道：

> 先帝不以臣卑鄙，猥自枉屈，三顾臣于草庐之中，咨臣以当世之事，由是感激，遂许先帝以驱驰。（先帝不因为我身份卑微、见识短浅，而委屈自己，三次去我的茅庐拜访我。征询我对时局大事的意见，由此使我感动奋发，答应为先帝奔走效劳。）

当时诸葛亮出山的时候，司马徽说了一句话：

"卧龙虽得其主，不得其时，惜哉！"

他说，诸葛亮虽然得到了欣赏他的伯乐，但没有得到天时。诸葛亮可能也知道自己会失败，可他还是做了明知道做不成的事情。

确实，当时刘备是最弱的，但是刘备请诸葛亮出山去了三次，最后都把衣服哭湿了，他问诸葛亮：

"先生不出，如苍生何？"

刘备的意思是："你要是不去的话，怎么平定天下？天下苍生怎么才能好好地活下去呢？"诸葛亮之前一直说"我不去，我才能不够，我就是个山野村夫，你不要找我"，到最后说"我跟你去！我愿意效犬马之劳！"

诸葛亮看到了刘备仁义善良，看到了刘备求贤若渴，即使和孔子隔了七百多年的时光，诸葛亮还在做知其不可而为之的事情。

很多年后，刘备托孤，诸葛亮尽心辅佐后主，北伐之前上书后主，《出师表》横空出世，字字句句，情深意重，情真意切，读之泪下。

除了诸葛亮，关羽、张飞也对天下人有情有义，体现了对主公的情义、对兄弟的情义。读了他们的故事之后，我们就会觉得热血沸腾。有情有义不重要吗？成为这样的人不好吗？

或许我们终其一生平凡，与这些人相去甚远，但是人心中一定要有自己想成为的那个人的样子，并尽可能在人生之路上无限地趋近于他。比如，在自己的生活中尽量做到对家人、对朋友有情有义。

情义也需要理性判断

　　总有家长问我，要是孩子借着有情有义帮着别人打架怎么办？面对这个问题，我们要想一想，他这么做真的是出于情义吗？即便是，又是出于什么情义？

　　他如果出于情义帮了那个要打架的人，但是他对其他人的情义就没有了，这就是帮了一个人却伤害了其他人。

　　很多事情是要学会取舍和判断的，这跟智慧相关，已经不是情义的事情了。有的时候，成年人也会存在这种问题，一定要有一些基本的理智和判断，不能被当时的热血冲昏头脑，做之前一定要想想到底是为了什么才去做这件事情的。

甜甜老师送给家长朋友们一句话

　　当居心不良者鼓吹套路、鼓吹伪善、鼓吹权谋时，我们恰恰要反其道而行之。因为人之高贵，往往在于我们敢于为真理而反抗世俗。

把礼貌的种子埋在孩子心里

我们的先人推崇礼，是因为希望脱离动物的属性，有一个更高级的状态。

礼是人的神性

"礼"的偏旁是"礻[shì]"，这是"神"的本字。当人类有了礼，其实是在动物身上加入了充满克制和悲悯的神性。

礼是互相之间的真诚尊重

礼是"我尊重你，你尊重我"，互相之间真诚地尊重，在尊重彼此生命状态的情况下自然而然的一些举动。回归最原初的意义，礼就是由心而发，真诚向外、向内地对生命本身的尊重。

《红楼梦》①里有一段描写，刘姥姥跟贾母一起去妙玉的栊翠庵里喝茶，妙玉毕恭毕敬，给贾母捧了一个成窑五彩小盖钟泡茶。给她们泡完茶之后，妙玉拉着宝钗和黛玉到别的房间，重新烧水给她们煮茶。

黛玉问妙玉：

"这也是旧年的雨水？"

妙玉冷笑了一下，说：

"你这么个人，竟是个大俗人，连水也尝不出来。这是五年前我在玄墓蟠香寺住着，收的梅花上的雪，共得了那一鬼脸青的花瓮一瓮，总舍不得吃，埋在地下，今年夏天才开了。我只吃过一回，这是第二回了。你怎么尝不出来？隔年蠲的雨水那有这样轻浮，如何吃得。"

妙玉给贾母奉茶的时候，表面看起来恭恭敬敬，实际却用她极鄙夷的雨水泡茶，可见，她心底深处是不尊重贾母的。

当然，在社会上和在家里有所不同，一些基本的社交礼仪还是要有的。

比如，在一张桌子上吃饭，有个盘子里有鸡翅，孩子在家里可能直接就用手拿了，但是在外面的公共场合，这样做就很失礼。

---

① 本书中摘引的《红楼梦》原文均出自人民文学出版社 2021 年 1 月第 84 次印刷版。

关系不同，状态不同，氛围不同，对礼的要求也就不同。遇到问题时，我们要具体问题具体分析。因此，礼还是要跟智慧结合在一起，智慧很重要。

家长怎么给孩子讲礼

我喜欢在故事中给孩子讲礼，体会古代君子内心深处对彼此的那种尊重、欣赏。这样讲，会让孩子产生兴趣。把学习娱乐化，把娱乐学习化，孩子就能怀着愉悦的心情去读书，去学习。

> ### 甜甜老师送给家长朋友们一句话
>
> 懂礼的人在生活中会有一种高贵的姿态，因为他尊重自己，也尊重别人。

培养孩子诚信的品格，拥有立身之本

孔子在《论语·为政》中说：

"人而无信，不知其可也"。（一个人如果不讲信用，那么就没什么可肯定的了。）

所谓"信"，其实就是诚信，说话算话，说到就要做到。

孔子认为信是为人最基本的要求。你可以不聪明，但是不可以不讲诚信；否则，你就会变成坏人。

诚信伴随孩子一生

成为诚信的人，不管是对于孩子现在的学习还是以后的工作，都是很重要的。

比如，老板让你星期五之前把报表发给他，你答应了，但是时间到了你没做完，下周你可能就要任务翻倍了。

可以说，诚信是我们一生当中最基本的品质之一。你有诚信，别人才会相信你，你只有被别人相信，才会与他人产生更多的连接。别人都不相信你，你在社会上就会寸步难行。

信是人性当中最底层的"底托"

说到"信"，我们很容易想到《韩非子》中"曾子杀猪"的故事，这是我从小到大听到的关于信义最原初的解释。

有一天，曾子的妻子准备去集市买东西，儿子很小，吵闹着要跟妈妈一起去。妈妈对儿子说："你听话，乖乖在家里待着，等我回来杀猪给你吃。"

曾子的儿子同意了，妈妈一个人去了集市。她买完东西，从集市上回来，发现曾子正在磨刀，准备杀猪。

她对曾子说："我是跟孩子闹着玩的，你怎么能拿哄孩子的话当真呢？"

曾子说："言而无信是不行的。父母对孩子承诺的事情如果不做，他以后就不会听父母的话了。"

曾子妻子做的事也是很多家长都会犯的错误。家长总是觉得孩子还小，骗一下没关系。很多家长批评孩子不听话，还爱说谎，其实就是家长教的，家长得想想自己干过什么。孩子身上的很多问题，都是父母一开始种下的劣根。

我相信，很多人都有过这种被骗的经历。拿我来说，我从小到大就没有真正得到过一次压岁钱，我妈总跟我说，先帮我放着，等回家了再给我，但是从来都没给过我。我能理解，压岁钱是大人之间你给我、我给你的交换，但在小孩看来，事情却是"你拿了我的钱，你还骗我，就是不给我！"所以，小时候我对我妈跟我说的事情不能完全相信。

请问，你觉得"信"不重要吗？它当然重要，而且非常重要！

家长要经常把"曾子杀猪"的故事在脑子里过一过。告诫自己，今天没有诚信，以后的亲子关系就会废掉一大半。

甜甜老师送给家长朋友们一句话

父母有时候会忽视日常生活中对孩子的影响，但其实"言传身教"才是最重要的方式。自己守信，才能要求孩子守信。

每个孩子都是小小思想家

其实不仅是那些圣人，历史上很多人物都非常有意思、非常有特点，我们要引导孩子去思考，并初步建立他们的思维体系。我经常会问孩子们：我给你们讲了这么多故事，讲了这么多人，你们最喜欢谁？

有的人说，他喜欢岳飞的铮铮铁骨，男子汉大丈夫就应该这样；有的人说，他喜欢晏殊，觉得晏殊这个人很浪漫。孩子最喜欢谁，就会向这个人学习。

比如，我有一个学生喜欢司马迁，他说："司马迁虽然受了极大的侮辱，但还是看到了生命的价值。"然后，他就把司马迁写到了五年级的作文里。

我们读了这么多人的故事，到最后会发现，他们当中的大多数在知其不可为而为之，在追求理想的路上历经波折，但能够把生活鞭打的伤痕变成翅膀上精致的花纹。

我会让孩子们感知到这些人跟我们是一样的，他们都是普通人，被生活磨砺，可是他们回顾自己的一生，还会觉得如此充满波折的一生值得拥有，就好像当年苏东坡在临死前几个月写下的《自题金山画像》：

心似已灰之木，身如不系之舟。

问汝平生功业，黄州惠州儋州。

他当年在皇宫里做过官，也曾得皇帝和太后赏识，但他觉得这些都不那么重要，重要的是在黄州、惠州、儋州的那些艰苦岁月，让他的生命有了另外一番光彩，从苏轼变成了苏东坡。

每一个人都应该活出让自己热泪盈眶的人生，必须热气腾腾。也许你过着平凡的生活，但你是否让自己热烈绽放过、热血拼搏过？这很重要。

甜甜老师的推荐书单

- 《中国古代人物故事》
- 《孔子的故事》
- 《樊登漫画〈论语〉》
- 《樊登漫画〈孟子〉》
- 《漫画大语文：李白和他的朋友们》
- 《少年读苏东坡》
- 《少年读〈徐霞客游记〉》

读古诗词：
带孩子领略人世间美妙的情感

古诗词是绝佳的文学形式

中国本就是诗的国度。要讲古诗词，那要讲、能讲的可太多了！

王勃、杨炯、卢照邻、骆宾王、陈子昂、张若虚、李白、杜甫、白居易、韩愈、李商隐、杜牧等唐朝诗人是一定要讲的，因为唐朝是中国文学史上的一个高峰、一个盛大的时代。

即便是混乱的五代十国，也出了一位千古词帝——李煜。

说到宋朝，要讲晏殊、欧阳修、苏轼、李清照、辛弃疾、岳飞。

为什么要讲这些人呢？因为他们的生命状态热气腾腾、虎虎生风、鲜活生动。

我觉得人这一生几十年，就是要像这些诗人一样热气腾腾，而不是浑浑噩噩地活着。

说起诗歌，其实它很早就出现了。

断竹，续竹；飞土，逐宾。(《弹歌》)

砍断竹子做弓箭，打出泥弹去打猎。这就是最早的诗歌。

后来，到了《诗经》，诗歌内容就更丰富了，有百姓在田间地头唱的歌谣，有贵族宴饮之乐，有祭祀颂歌。这里面最好的自然是民歌。你可以看到在周原那么美的地方，春水涨起来了，春花开了。春水旁边，有少男少女的身影，有鸟儿在歌唱，有桃花在枝头盛开，水中的青荇参差交错，真是美好如神话中的伊甸园，完全是青春的气息。

古诗词是极致的情绪抒发

我常常觉得古诗词在文学中最厉害。为什么呢？

在某种程度上，诗词是文学当中最极致的一种形式。它能用极致短的篇幅写极致真纯、浓烈的情绪和情感，它所传达的东西又极致地展现美和真。很多时候，它能瞬间直击心灵。

每个人的一生当中，一定会与一首诗歌或者一句诗歌相遇，你可能会哭、会笑、会击节赞叹、会掩面沉思。就像一位家长朋友跟我说，她读到杜甫的《春望》时，一瞬间泪流满面。我自己也有很多被诗词感动的瞬间。

比如，每次读杜甫的《石壕吏》，我都要哭。它给我的感觉就像一部纪录片，总会让我想起获得普利策新闻摄影奖的纪实照片——《饥饿的苏丹》。

照片里，一个瘦骨嶙峋、上半身裸露的小女孩弓着身子，将头扎在地上，即将饿毙，不远处一只秃鹫等候着女孩死亡，以便猎食。画面冷静、冷酷、触目惊心。

杜甫写的《石壕吏》同样给我这种感觉，没有花里胡哨的语言，在冷静的描述中涌动着悲悯和痛苦。每一次，读到那句"一男附书至，二男新战死"的时候，我就开始哭，直到最后"天明登前途，独与老翁别"。

在那个年代，所有人都关注帝王将相、功成名就，没什么人能看到社会最底层的老百姓，但是，杜甫这个手无缚鸡之力的诗人，他在苦难当中、在颠沛流离当中，关注着泥淖里的众生。他看到他们，他记录他们，他抚慰他们，这很触动人。这样的作品，真的太好了。

看苏东坡的词时，我也会哭。每每看到他写的那首《江城子·乙卯正月二十日夜记梦》，我就会想到我爷爷。

其实，只要是生命中经历过生离死别的人，读到那句"料得年年肠断处，明月夜，短松冈"的时候，都会被触动。

这首词里，最触动情绪的是那句"纵使相逢应不识，尘满面，鬓如霜"。他明知在幻想一个绝对不可能出现的情况，却还在幻想。他说："我要是再与你相见，你应该就不认识我了吧。你在我心中，还是那么青春美貌的容颜，你死的时候才27岁，那么美、那么青春的女孩子，那么娇美、那么好的生命。可是你看我，早已经风鬟霜鬓。"其中的感情真的好动人。

再看他写的《定风波·莫听穿林打叶声》：

料峭春风吹酒醒，微冷，山头斜照却相迎。

回首向来萧瑟处，归去，也无风雨也无晴。

这其实也是他的内心宣言。

在沙湖道中遇雨回到家里的途中，他看到了大雨过后那么美的夕阳，忽然知道原来痛苦、快乐、悲伤是人生的一部分。人生不如意十之八九，去掉那八九，只剩下一二而已，基本上就没了。所以，他才说："来吧！我苏轼什么都不怕，苦难、悲伤、快乐、痛苦就都来吧！我都迎接！"在这首词之前，他是苏轼；在这首词之后，他就变成了苏东坡。每次读到这首词的时候，我都会觉得好酷，好感动。

读李清照的词，也是一样。
我看她少年时代的诗词《点绛唇·蹴罢秋千》：

蹴罢秋千，起来慵整纤纤手。露浓花瘦，薄汗轻衣透。（荡完秋千，慵倦地起来整理一下纤纤素手。瘦瘦的花枝上挂着晶莹的露珠，花儿含苞待放，因荡过秋千涔涔香汗渗透着薄薄的罗衣。）

她要表达的是："我就是天底下最漂亮的女孩子！"我会被那份自信击中。
下一句，却是"见客人来，袜划金钗溜"。（忽见有客人来到，慌得顾不上穿鞋，只穿着袜子抽身就走，连头上的金钗也滑落下来。）她看到那个少年，一下被击中，刚刚还觉得自己天下第一漂亮，下一秒就觉得好害羞，想要躲起来。我会被那份娇俏击中。
她晚年的词最触动我的，并不是大家耳熟能详的《声声慢·秋词》，而是封笔之前写的《武陵春·风住尘香花已尽》。

风住尘香花已尽，日晚倦梳头。（风停了，花儿已凋落殆尽，只有尘土还带有花的香气。抬头看看，日已高，却仍无心梳洗打扮。）

只恐双溪舴艋舟，载不动许多愁。（只恐怕双溪舴艋般的小船，载不动我内心沉重的忧愁啊。）

这个时候，她已经不是写《声声慢·秋词》时的那种"寻寻觅觅，冷冷清清，凄凄惨惨戚戚"（苦苦地寻寻觅觅，却只见冷冷清清，怎不让人凄惨悲戚）了。我能感受到，一个人的痛苦和悲伤达到极点的时候，会变得近乎麻木。但是那种平静的背后，反而是汹涌的悲伤，这种情绪会很猛烈地击中我的心。

读了那么多古诗词，我感受最深的是，所有能够击中人心的句子一定是强烈真挚的情感倾泻而出的。像李白的《将进酒》《蜀道难》《行路难》《长干行》《金陵酒肆留别》，哪一首不击中你？王维的"相逢意气为君饮，系马高楼垂柳边"（《少年行》），也会击中你，为什么？因为它们纯真、炽烈、热气腾腾。

读好古诗词的孩子更灵气四溢

读古诗词，对孩子的影响是显而易见的。真正读好古诗词的孩子和那些囫囵吞枣为完成任务去读的孩子，一眼就能看出区别。读好古诗词的孩子情感更真挚、更有蓬勃的生机。

我知道，很多家长朋友想知道读古诗词能给孩子们带来什么实际的影响和变化。我想从功利的角度和非功利的角度分别来讲讲。

功利的角度

古诗词是家长们最为熟悉也最为重视的文学形式之一。为什么？因为考试中常见。

古代文学占语文考试的 30%，古诗词鉴赏又是古代文学中必不可少的，因为它是孩子未来考试的核心内容之一。

孩子 12 岁之前记忆力最好的这个阶段，一定要大量地学习古诗词。

有的家长会担心，孩子对某些内容的理解可能比较浅。其实没关系，好的老师是能把复杂的内容讲到适合孩子接受的，孩子就算暂时听不懂全部，也能在脑子里先有一个印象。慢慢随着时间发酵，孩子可能会在生命的某一个节点再次跟古诗词相遇。

非功利的角度

抛开功利性的目的，读诗歌的孩子会看到更多的世间万物，会觉得万物有灵，能在诗歌里面体会到生命的那种浪漫、细腻、高远的格调。

他看到大江明月，会想起"春江潮水连海平，海上明月共潮生"（张若虚《春江花月夜》）。这是完全不同的生命状态，他会感悟到原来诗歌就是生命中最本真的存在。

比如，欧阳修喜欢写很小的景物。"泪眼问花花不语，乱红飞过秋千去"（《蝶恋花·庭院深深深几许》），写的是春雨来了，春风吹来，花落了，花被风吹过了秋千。这么小的事情，他都能够写到诗里面去，展现那么细腻、那么柔软的情思。

晏殊写得又不一样了。"无可奈何花落去，似曾相识燕归来"（《浣溪沙·一曲新词酒一杯》），写的是一种很悠远、很漫不经心、很有格调的情绪。

我觉得，这是诗歌才能带给我们的独特感受。诗词让我们除了关注天地万物之外，还能关注到自身很微妙的情感。这是一种很绝妙的乐趣所在。

古诗词要背，但别死记硬背

很多家长朋友让孩子学古诗词，往往看不到古诗词给孩子带来的灵气，以及阅读带来的乐趣。他们往往会出于功利的目的，让孩子死记硬背。就学习效果而言，这种方法极为受限，显然并不可取。

即便家长觉得古诗词特别好，但孩子不知道为什么要背这些古诗词，完全没有被古诗词触及，没有被击中内心，只是为了背而背，他们就会觉得很痛苦。这对孩子的成长来说是得不偿失的。

古诗词是一定要背诵的，但死记硬背肯定不行。

我觉得古诗词好，因为它能够让我们观照自己的内心、自己的情感，自己就能成就一个很小的世界。

甜甜老师送给家长朋友们一句话

古诗词本身就有着极致的美，家长朋友们可以暂时放弃一味地追求功利的结果，先让孩子用心感受古诗词的绝妙乐趣，也让他们关注到自己情绪的细微变化。

讲故事，让孩子爱上古诗词

有的家长和孩子读古诗词的过程中常常会有一个疑惑：为什么一和孩子提古诗词，他们就有抵触情绪呢？

除了孩子感受不到古诗词的美，还因为古诗词是有门槛的，有一定的阅读难度。它的语言足够简短，就像一个干木耳一样，要求读古诗词的人有能力把它泡开。

刚开始接触古诗词的时候，孩子肯定会觉得不适应，因为古诗词与我们现在的语言体系和风格不一样。有时候，它的句式会有调整，省略掉一些不熟悉的点，孩子就不喜欢。而且，很多孩子在读一首古诗的时候，只是单纯地在读。作者写这首诗词前发生了什么？不知道。写完之后发生了什么？也不知道。孩子在对古诗词的特点及写作背景一无所知的情况下，单纯地去看一首诗词，他们看到的不过是一些根本看不懂的文字，产生抵触情绪也就不难理解了。

孩子为什么不爱古诗词

很多家长朋友都想不明白，诗词明明这么有趣，孩子对诗词的兴趣为什么反而变淡了呢？

最重要的原因，我觉得是家长太着急了、太功利了。家长会互相攀比，"我的孩子背了300首！""我的孩子背了500首！"

背了这么多，有三首五首能击中孩子吗？如果没有，这样做有什么意义？没有。

我从不推荐孩子把《全唐诗》《全宋诗》读完，甚至觉得没有几首宋诗是需要读的。几十万首诗，为什么要求孩子读完？他们也很难读完。我们不如重新开始，放弃这些东西，放弃对于数量、对于功利性的这种追求。

很多时候，读诗词就是要找到跟你心灵极契合的那一首。你会从这首诗词当中找到自己，打开自己，发展自己，你会变得很不一样。

现在，我们很多时候会对古诗词误读，讲的往往是古诗中的这个字是什么意思，这句话是什么意思，作者的思想感情是什么，价值高度也拔得很高，然后让孩子去背。这样做孩子很痛苦，我们也很痛苦。

比如，很多人讲辛弃疾的《破阵子·为陈同甫赋壮词以寄之》时，一开始就讲他的爱国情怀，讲他怀才不遇。我认为，最开始的时候是不应该给孩子讲这些的，而应该跟他讲辛弃疾在什么时候写的这首词，为什么会写这首词。

他是怎么在夜里挑灯看剑的？那个剑是什么年代的？他为什么挑灯去看它？他为什么梦回吹角连营？他梦回连营回到了

什么时候？那个时候发生了什么？如果不知道这些背景，只是去背这首词，那就没有意义了，全是白费工夫，而且孩子会毫无兴趣。

诗词里有很多内容、很多典故，不只是辛弃疾，其他诗人也很喜欢用典。这些典故的背后其实是有深意的，如果孩子不知道这些，家长就让他去背，孩子会很痛苦。所以，希望我的家长朋友不要盲目地追求数量，让孩子一直背，这样做会打击他对古诗词的兴趣。

古诗词是诗人们的生命日记

我小的时候，爷爷给了我一套《唐诗宋词故事集》。其中，我印象很深刻的一个故事，就是李白怎么写《赠汪伦》。

当时，李白已经名满天下，刚娶了第一任妻子许氏。他在湖北一带漫游，有一个安徽的粉丝也就是汪伦给他写信说："太白兄，你不是喜欢花吗？我们这里有十里桃花。你不是喜欢喝酒吗？我们这里有万家酒店。"

李白很开心，马上乘船而去，到了之后却发现什么都没有！汪伦解释说："我们这里有个桃花潭，方圆十里，还有个酒家，老板姓万。"李白听了哈哈大笑，没有生气，在那个地方玩了两天。后来，李白走的时候并没有告诉汪伦。可是，汪伦居然过来送李白。这才有了《赠汪伦》这首诗。

看到这个地方的时候，我觉得很神奇，李白为什么不和汪伦辞行？汪伦是怎么知道李白要走的呢？

随着年龄的增长，我慢慢发现李白就是这样的性格，他很疏狂、自在、潇洒、不羁。他要来就来，要走就走。他坐上船的时候，听到岸上有人一边踏节拍一边唱歌。

第二句诗"忽闻岸上踏歌声"写得很清楚，从一个"忽"字就能看出李白和汪伦没有任何约定。汪伦来送他，他也很意外，这种惊喜和意外便成就了这首《赠汪伦》，好酷！

看到这样的故事，我当时就意识到原来诗词的背后是故事，是真实的人生经历，是真实浓烈的情感，真的好美！他用那么短的篇幅，只是几十个字，就写出了那么多有趣的东西。

古诗词实在是太美了，每个字看似平淡无奇，但都经历了天才作家的创造。

比如，王安石的《泊船瓜洲》，最后那句"春风又绿江南岸，明月何时照我还？"少年时代的我读起来不觉得怎么样，长大以后再读，感觉他写得真的太好了！

敲定这句"春风又绿江南岸"之前，王安石用了很多其他的字，"到""过""至"等感觉都不对。后来，他用了"绿"。一个"绿"字，境界就有了，让人看到春草绵延而生。一眼望去，就能感觉得到春草如绿萝裙，绵延到天边的绝美！

我禁不住感叹，他们怎么这么有才华、这么会写！

在古诗词中，我还会看到很多细微的心思。比如，李清照写《如梦令》，"绿肥红瘦"，"绿""红"代表绿叶和红花，"肥""瘦"用来形容它们的状态——繁茂和凋零。她是怎么想出来的？真是太绝了。反正我这辈子都想不出来，只能去仿写。我写秋天的菊花，怎么描述黄色呢？——丰腴而盛大的明黄，这就脱胎于绿肥红瘦。

李清照能激发后人的无尽灵感和创造源泉，她是一个真正的词人。

从古诗词中，我能看到很多灵感的来源。比如，我讲课没有灵感时，就会翻一下诗集，翻着翻着也许灵感就来了。

说来说去，古诗词的核心在于故事，它们是诗人们的生命日记。在所有的阅读和人生阶段，它们是打开兴趣的王道。

爱上古诗词，从不再"瞎读"开始

遗憾的是，大部分孩子接受的古诗词教育都是在"瞎读"。孩子们读李白，读杜甫，读白居易，读李清照，读了他们十几年，却对他们一点都不了解。这样的情况下，孩子们怎么可能爱上古诗词呢？

读李白的《早发白帝城》时，孩子们不知道这是李白在59岁被流放到夜郎的途中，在白帝城（今重庆市奉节县一带）被赦免时写下的；更不知道，他写完这首诗三年后就驾鹤西游，这是他在生命的最后节点写下的。孩子们反而以为，这是李白年轻的时候、快乐的时候、意气风发的时候、旅行的时候写的。

我们小时候学李清照时，只是读了她的一首《声声慢·秋词》，老师也不详细讲李清照的人生经历、时代背景，于是我们以为李清照就是这么一个悲悲切切的女人，但其实大错特错了！

直到上大学之后，老师重新给我们讲中国古代文学史，我们才知道：

原来，李白是大唐最闪耀的星辰，也是一生追求理想，却苦苦不得的普通人；

原来，李清照并不是一直凄苦悲凉，她在少女时代那么娇俏、那么自信、那么快乐；

原来，辛弃疾根本没当过将军，他一生追求当将军的梦想，可是始终怀才不遇。

从这个角度来理解，现在的孩子们受到的教育在某些地方顺序反了。

在小学阶段有那么多时间去了解诗人的时候，孩子们从来不去了解；等孩子们上了大学，才开始去读诗人的背景，了解诗人生活的环境，这才发现，原来之前对知识的理解，很多都是片面的。

因此，我现在想做的事情，就是把我上大学时学到的一些知识教给小学的孩子。让他们刚刚接触古诗词的时候，就真正地把诗词读对、读懂、读透，做到举一反三，触类旁通。

甜甜老师送给家长朋友们一句话

文学是什么？文学是诗人、词人、剧作家、散文家、小说家在特定的历史背景之下，在特定的生命经历当中，书写的活色生香、有血有肉的生命日记。

读懂古诗词，提升文学审美能力

文学的审美是人最基本也是最重要的审美。读古诗词，可以培养孩子的语言审美能力、色彩审美能力。他们独特的见解和眼光，在很多方面都有用武之地。

比如，叶嘉莹老师没学过美术，也没学过服装搭配，但她每次讲课时，穿衣打扮都很有自己的风格。

中文是全世界最好的文字——它最美

我有一个学员是一名美术老师，她说："老师，跟你学中国古代文学，我觉得对我讲美术很有帮助。"

为什么呢？首先用中文来形容颜色，本身就绝美。

海天霞、朱颜酡、无心绿、远山黛、凝夜紫、天水碧。

桃夭、莲红、鹅黄、缃叶、秋香、伽罗、青骊、月白、沧浪、碧落。

亲爱的朋友，我只是简单说了一些我记得的，请你轻轻地把它们念一遍——有没有感觉眼泪都要出来了！并且，你有没有发现，这里面的词语很多都出现在古诗词里：

落花纷纷稍觉多，美人欲醉朱颜酡。

（李白《杂曲歌辞·前有一尊酒行》）

角声满天秋色里，塞上燕脂凝夜紫。

（李贺《雁门太守行》）

桃之夭夭，灼灼其华。之子于归，宜其室家。

（《诗经·周南·桃夭》）

东船西舫悄无言，唯见江心秋月白。（白居易《琵琶行》）

上穷碧落下黄泉，两处茫茫皆不见。（白居易《长恨歌》）

到这里，我又要大声疾呼：一定要学中国古代文学呀！

诗词当中的美太丰富了

别致的文字美

古诗词的语言真是美到极致！

我在讲古诗词的时候，每次都会提问：

"在这首词当中，你觉得哪个词用得特别好？"

"你觉得哪个字用得特别好？"

"你觉得哪个字特别触动你？"

比如，欧阳修写颍州西湖的春天时，他写"春水逶迤"。"逶迤"是什么？就是曲折不断、连绵的样子。

这好美呀！我们中国的文字初读惊艳，再读有味，常读常新。

我们生在华夏，站在这样一个被诗词浸润的国度当中，生活在这样美丽的语言体系之下，越来越觉得老祖宗太厉害了。他们创造出了这么多好的诗词，太好了！太美了！

比如，李清照的《如梦令》：

昨夜雨疏风骤，浓睡不消残酒。试问卷帘人，却道海棠依旧。

她写的就是一篇少女日记。早上起来，她听到外面风雨潇潇，可能还没有睁开眼睛，问她的丫鬟："海棠花怎么样了？"丫鬟说："海棠花跟昨天一样。"她又问："怎么可能一样呢？"她接着说：

知否知否？应是绿肥红瘦。

"绿"跟"红"，说的就是海棠的叶子和花；"肥"跟"瘦"本来是形容动物的，可是用来形容颜色别出心裁，独辟蹊径，文字真是绝美！

风雅的意境美

比如，我们讲一首简单的小诗《春晓》：

春眠不觉晓，处处闻啼鸟。

夜来风雨声，花落知多少。

简简单单 20 个字就能让人想象得到，孟浩然在自己的山庄里一天天"无所事事"，若无闲事挂心头，每天都是清风明月。

春天来了，他躺在床上，一夜的风雨那么安静，脑子里没有任何闲杂的念头、琐碎的事情叨扰他。他慢慢醒来，不是被手机叫醒，也不是被领导叫醒，而是被鸟儿叫醒的。那个意境绝美！

读到这里，你就会想到：哦！原来人可以如此闲适，懒懒散散地被鸟叫声叫醒，慵懒得不得了！

含蓄大胆的情感美

比如，《诗经》里讲溱 [zhēn] 水、洧 [wěi] 水边的故事。溱和洧是郑国的两条河，《溱洧》里写道：

溱与洧，方涣涣兮。士与女，方秉蕳兮。女曰观乎？士曰既且，且往观乎！

讲的是有个少女刚刚从河边回来，碰到一个男孩子，她好喜欢他，她说："你要不要再去水边溜达一下？"男孩子说："我去过了呀！"女孩子说："那就再去一下呗！"你看，情感表达得多浓烈。

再比如《氓》，很多人都觉得它是一首弃妇诗。我倒不这么想。在我看来，《氓》是一个女孩的自我宣言——我喜欢你，我可以跟你在一起；我不喜欢你，我就跟你拜拜，你走吧！

> 氓之蚩蚩，抱布贸丝。匪来贸丝，来即我谋。送子
> 涉淇，至于顿丘。匪我愆期，子无良媒。

那个男孩子来找她，痴痴地笑着，不知道应该说什么话。她说："我不是故意拖延婚期哦！是因为你没有媒人。"

可是，下文又说：

> 将子无怒，秋以为期。

"你别生气，回去吧，秋天来娶我！"

你看，喜欢一个人是那么热烈、那么大方，这就是很自然的真实情绪。

《诗经》之后的诗词，很多表现女孩子真实、热烈、大胆的情绪的内容被弱化掉了。万幸的是，还有一部分留存了下来，在一些民歌里也有，比如《上邪》：

> 我欲与君相知，长命无绝衰。

女子表达的是"我要跟你永远在一起！"除非出现这样的情况：

> 山无棱，江水为竭，冬雷震震，夏雨雪，天地合，
> 乃敢与君绝。

哪些情况呢？除非高山变平地，滔滔江水干涸断流，凛凛寒冬雷阵阵，炎炎酷暑雪纷纷，天地相交聚合连接，她才肯将对他的情意抛弃拒绝！这样的女孩子表达爱意好热烈、好快乐！每次读到这首诗歌的时候，我都会感叹。女孩子追求爱情的时候，确实要勇敢、热烈。

还有唐末五代韦庄的《思帝乡·春日游》，讲一个女孩子去春游的故事：

> 春日游，杏花吹满头。
> 陌上谁家年少足风流？
> 妾拟将身嫁与一生休。
> 纵被无情弃，不能羞。

讲的是女孩子喜欢一个男孩子，她看见他就觉得他好帅，想跟他在一起，觉得这样自己的一生就满足了。就算以后被抛弃，她也绝不后悔，这份感情好热烈。

细腻的情绪美

比如，南宋赵师秀的《约客》中的名句：

> 有约不来过夜半，闲敲棋子落灯花。

诗人把一个人约了朋友没有来这件事情写得很有格调，给人的感觉是虽然有一点点孤独感，但是很闲适，意境很美。

再如唐朝李商隐的《夜雨寄北》：

君问归期未有期，巴山夜雨涨秋池。何当共剪西窗烛，却话巴山夜雨时。

这首诗写的是他跟妻子之间的情感。我少年时代以为就是简单的离别相思，后来发现竟然是悼亡。他写这首诗的时候，他的妻子已经去世了，他其实在幻想一个完全不会再出现的场景。

他说："我什么时候回去我不知道，但是我好想回去，回到你的身边，好想我们能共坐西窗之下，共剪烛花。"

诗词当中的美根本是说不完的，而且好的作品常读常新。家长要带着孩子欣赏这些蕴藏在古诗词背后的美，让孩子多受古诗词的滋养。

好好感受古诗词美的孩子，以后的审美能力一定强！

让孩子真正走进作品里

我平时讲诗词的时候讲得很慢。比如，我讲李清照的《如梦令·昨夜雨疏风骤》《点绛唇·蹴罢秋千》的时候，我希望孩子们跟我一起回到李清照那个 16 岁的少女时代，看她是一个多么娇俏、自信的女孩子。

但是，她在花园里面看到她喜欢的男孩子时，又变得那么羞怯，小鹿乱撞。这个时候，我们就好像站在李清照旁边，看到了春末夏初时节，那一场杏花微雨下的绝美遇见。那是惊天动地的时刻。

欣赏古诗词的美时，一定要从故事开始讲起，从人开始讲起，从他的人生故事入手，进到作品当中去，看到它那一瞬间的生命生发，就很动人。

家长应带领孩子更多地了解时代，了解诗人本身。

为什么有人说宋朝的诗不如唐朝的诗好？因为到了宋朝，整个社会风貌变了，它的政治、经济、文化、军事、社会生活都跟唐朝很不一样。

从中国文学史的角度来讲，唐朝分为初唐、盛唐、中唐、晚唐。初唐有"四杰"，有宏大的作品《春江花月夜》，也有热烈的作品《登幽州台歌》：

前不见古人，后不见来者。

念天地之悠悠，独怆然而涕下。

什么意思？前面没有其他人，后面没有其他人，大丈夫立于天地之间，中间就是我陈子昂。

可是到了晚唐的时候，就没有这种诗了，因为时代风格变了，一个时代消亡了，盛世繁华的大唐已经在杨玉环的裙摆上沦陷了。

孩子在欣赏古诗的美的时候，一定要了解时代，因为时代是塑造人的。李白但凡生活在另外一个时代，他不可能成为李白；陆游只能在那个时代，才是陆游。

家长带着孩子去了解一下诗人，还原一个真实的人。

我认为李白本身就不像很多人说的那样，是个潇洒的、自在的、天天快乐地喝了酒就开心得不得了的人。他反而是个很失意的人，追求理想几十年，但是追求不到，被统治者放弃，被阴谋家利用，这才是真实的李白。

写诗只是他的爱好、他的乐趣，但是他给自己定位的主业是"帝王师"啊！所以，还是要还原到一个真实的人。

李清照也不是生来就很悲伤的，人家一开始也很快乐、自在、傲娇得不得了。她在《词论》里把天下文人批了一通。

回到时代本身，回到诗人和词人本身，回到那个作品创作的生命阶段，才会让我们的孩子知道，原来他写的日记，古人也在写。

甜甜老师送给家长朋友们一句话

我们在读古诗词的时候会发现，这是人生命中最优雅的部分。因为人一生追求的不仅是吃吃喝喝和功名利禄等层面上的东西，还要在精神层面上追求很多超越世俗意义的东西。

那些在读诗中"浪费"的岁月，一定是我们生命中最为皎洁的光阴。

感知诗词背后的情绪，学会表达情感

现在，很多人都不知道怎么表达自己的情绪，不想表达，也不想关注，其实这是不对的。

刻意观照自己的情绪

我在读诗词的时候，为什么会明显地感知这些情绪呢？因为我在生活中会努力关注自己，我遇到事情的时候会直接讲自己的感受。不高兴、抑郁、开心、感动，我会刻意地用这些词语描述我的情绪。

我曾经不知道这有什么用，后来我发现这是心理学上的一种疗愈方式。这样做，其实就是在观照自己内心的那个"小孩"，我从小到大都会这样做。后来我发现，不断地讲，我就会讲出很细微的东西来。这其实是一种刻意训练，最后变成了一种习惯。

现在，我很清楚地知道情绪什么时候会来，因为它会非常强烈，情绪来了我就接住它，说出去，宣泄出来。

比如，我会哭、笑、大叫或者写东西，这就很舒服、很自在。人不要像堵洪水一样把情绪堵住，总是在堵的话，会生病的。所以，"表达情绪"这件事很重要，一定要去训练！

比如，自己很高兴的时候，想想为什么高兴，高兴到底是什么样的状态。去感知你的情绪，去拥抱你的情绪。

不要让孩子变乖

家长千万不要和孩子说"你要乖，要听话"，如果不想养出一个提线木偶或者妈宝小孩，就请停止说这样的话吧。因为"乖"意味着压抑、麻木、不准表达情绪。

表达情绪是一种能力，但很多人都丧失了，而且这个趋势现在越来越明显。

我会让我教的孩子表达情绪。我跟他们讲李白的时候会说："来！把书扔掉！把杯子拿起来，倒上你喜欢的饮料。我们今天跟李白共饮此杯！"

我一定会让他们扔而不是放，短暂地宣泄一下。

我希望他们在我的课堂上是站起来听课的，也可以坐着听、躺着听、趴着听，但是我更希望他们可以更好地表达自己的情绪，要哭、要笑、要快乐、要悲伤、要愤怒。特别是我希望我的孩子们学会表达愤怒，因为如果愤怒不表达，会生大病的。

所以，我觉得读古诗词会发现古诗词当中的很多情绪极浓烈。你看李白、杜甫都是这样子的，就是因为去宣泄，所以才能很健康。

你看，李白就是因为这样去宣泄，到了晚年，甚至生命的尽头，他的诗词还有那份少年意气。

他怎么做到的？不就是能够这么热烈地表达情感吗？这种情感的极度浓烈，本质上也展示着生命力极度旺盛。

我小时候，妈妈总会跟我说："女孩子要有女孩子的样子！女孩子要时时刻刻端庄优雅！"但很显然，我没有长成妈妈所期待的样子，而且活成了相反的样子。

这个世界上，有的人活得不悲不喜、一潭死水、波澜不惊，受亲人规劝、朋友束缚，逐渐变成一个苍白的木头人，可悲可叹。

人都应该活得热气腾腾，尽管去嬉笑怒骂，尽管去生动活泼。

诗词背后是触角全开的生命状态

看见美景的时候，有的人只会说"好美呀！"但是有的人会讲诗句。在我看来，其实有的人面对美景是无感的。

很多人其实是钝感到了极致，就麻木了。他看不到任何东西，听不到任何声音。这样的话，人生的乐趣就失去了一大半。

我觉得，能说出"好美"的人和说出诗句的人同样感性。可是，能说出一句诗的人会更细腻。就像我们晚上的时候开始思考人生，觉得自己很孤独、无聊、焦虑。可是赵师秀却能够写出"闲敲棋子落灯花"。他会觉得，在那种寂静当中，灯花轻轻落下也是值得关注的，也是极美的。

诗词能察觉微小的情绪变化

在唐朝武则天时期有一个小姑娘，她只有7岁，很有才华。武则天跟她说，听说你很有才华，要不来炫个技吧。然后，武则天就把她召到了皇宫当中，小姑娘就站在堂下，武则天让她随便作首诗。

小姑娘就随口作了一首《送兄》：

> 别路云初起，离亭叶正稀。所嗟人异雁，不作一行归。

意思是，送别的道路上云雾蒙蒙，驿亭旁的枝叶稀疏寥落。感叹人与那归雁不同，无法一起做伴同行而归。她写她和兄长的分离，她看到大雁往南飞，大雁是排成行的，可是她跟哥哥却要分开。那么简单的语言，把她的情感抒发得那么清晰、那么优美。

还有《诗经》里的《式微》：

> 式微，式微，胡不归？

天黑了，天黑了，你怎么不回去呢？

> 微君之故，胡为乎中露？

要不是因为那个君主，要不是要养活这些鬼东西，我还用在那个露水当中吗？你看他多愤懑、多生气！

还有《卷耳》，写的是周人采野菜时的所思所想：

采采卷耳，不盈顷筐。嗟我怀人，寘彼周行。

她采卷耳时看到它们开了白花，采着采着就想到了自己的情郎。她一时间就开始惆怅了，把卷耳放在路边。诗就是这样，写很微妙的一瞬间抒发的情感。

唐朝王昌龄的《闺怨》：

闺中少妇不知愁，春日凝妆上翠楼。忽见陌头杨柳色，悔教夫婿觅封侯。

一个美丽的贵妇人没有什么愁烦的，天天吃得好、喝得好，她打扮得漂漂亮亮的，在高楼上看到那么美好的景色时，丈夫却不在身边！她会想，我打扮得这么好看，"女为悦己者容"啊！他不在我身边，我这样给谁看呢？这种惆怅的感觉一瞬间就出来了。

再看李白的《怨情》：

美人卷珠帘，深坐蹙蛾眉。但见泪痕湿，不知心恨谁。

美人卷起了珠帘，她的眉毛轻轻地皱起来，她在想什么？她在怨什么？她在恨什么？她在思念什么？这多美啊！

会写诗的孩子，生活充满乐趣

中华民族是一个擅写诗歌的民族，中国人骨子里就有写诗歌的基因。写诗其实没有那么难，把日常生活真诚地表达出来，就是诗歌。

我们天生就会写诗

我平时会写诗歌，我们班的学生也会写。我记得刚把《诗经》那一节讲完时，他们就写了几千首诗歌，因为我跟他们讲了《诗经》是怎么来的，还讲了很多《诗经》的故事。

我告诉他们，《诗经》里的诗歌有三个部分，一个部分叫《风》，一个部分叫《雅》，一个部分叫《颂》。

《风》即《国风》，是民间的歌谣。当时有采诗官，摇着木铎到田间地头，跟百姓们生活一段时间，听他们唱的歌，听他们讲桑树开了花、邻居的姑娘出嫁了、统治者荒淫无道及被迫害的人们。

我会和孩子们说，你们看这些诗歌写的是什么？

是四季，是一日三餐，是劳动，是相思，是百姓生活中的方方面面。诗歌的作者是百姓，百姓就是我们自己啊！

比如，《国风》中的《桃夭》：

桃之夭夭，灼灼其华。之子于归，宜其室家。

桃花开得那么盛大、那么灼灼芳华，我邻家的姑娘那么美，她要出嫁了。我们要祝福她，祝福她嫁到"宜其室家"。这就是诗歌！

我从来不担心诗歌会消亡。只要有中国人在的地方、有土地在、有山川河流在，诗歌就会一直在！

很多人说，已经没有人写诗了，其实不是的。你平时无意间说的一些话、你的朋友圈，都是诗歌的一种形式。只是你没有用诗歌的那种四言五言的形式表现出来，或者缺少一些修饰感，但只要你认认真真地在记录生活，那就是你的诗。

就像当年的先民记录女儿出嫁、春草长起来、燕子飞翔的时候，想到了情人、凤凰落到了梧桐树上，那就是他们的诗歌。那个时候，语言就是那个样子；现在的语言，就是如今这个样子。也就是说，不同的时代会有不同的诗歌，只是表现方式有所差异。

写诗没有想象的那么困难

我会教学生们写诗；看到一些想写的东西时，我也会写；

在朋友圈里，我也会写。

简单说一个我写过的诗的故事吧！

很多年前，我在湖南旅行，身处橘子洲头的拱极楼。天突然开始下雨，我和同学跑到拱极楼去避雨。风雨满江楼，我看着楼下滔滔江水，突然就想到：当年那群意气少年横渡长江，三番五次去游泳，真是峥嵘岁月。那样的乱世，那样的年轻人，在湖南开启了一个新的世界，真的太了不起了！但是现在，他们都不在了，一个时代落幕了，英雄的故事结束了，我又觉得很唏嘘。

于是，我随便写了几句打油诗：

风满潇湘萍满洲。

"潇湘"指的是湖南省的潇水和湘水；"洲"是水中的高地；当天又正好是起风下雨的日子。

乱红引雨入江楼。

正是暮春时节，我站在拱极楼上，风雨裹挟落花飞入江楼。

击水儿郎今何在？

"击水儿郎"指的是那群风华正茂的有志青年。中流击水，浪遏飞舟。大江东去，淘尽风流。如今，那些有大气魄、大志向、大格局的青年在哪里？

空留微阳对楚丘。

写诗的时候，正是夕阳西下，"楚"是湖南、湖北一带，岳麓山正好在后面。

正好那一周我们的写作学作业是写诗歌，我也就随手交了上去。老师看完笑说："虽然平仄有小问题，但是难得有女孩子写这样的诗。"

也许在老师看来，女孩子往往更爱写看花郊游这样的诗歌。

说到平仄，我们刚开始写诗的时候不要给自己太大压力，基本注意一下就行，还是重在意境、重在气韵、重在情绪。比如我那首小诗，要挑毛病也有一堆，但是我的写作学老师还是微笑着给了我鼓励和表扬。

诗歌创作是一场长期的修炼

现在，语文考试中并没有诗歌创作的题目，所以很多家长很少让孩子练习写诗。

带着这种功利的心态，诗歌创作确实没有必要，即便创作了，也不会有好的作品。写诗这件事，不会在短时间内呈现巨大的成果。但是，经过长期的练习和积累，它会在某个瞬间让孩子体会到写诗的快乐。很多事情都是这样，以长期的视角去看待，往往能得到更大的收获。

就像小时候，很多同学不怎么读四大名著，只有我很认真地读，当时只是喜欢读，跟考试没有任何关系。可是，到了初中，学校要求读四大名著的时候，我已经很熟悉了，甚至能给大家讲课。到了高中的时候，我也不用像其他同学一样临阵磨枪，每天被四大名著折磨，因为我早就读得滚瓜烂熟了。

写诗也是这样，是一种长期的修炼。像现代诗，孩子们几乎可以天天写。写诗不像写议论文，需要论点、论据、论证，需要严谨地思考。诗歌需要的是灵气，是敏锐丰富的情感及创造力。

比如，李清照写"绿肥红瘦"，难道不是一个非常了不起的创造吗？这跟一个特别伟大的科学发明没有什么区别。

如果把孩子们写诗歌的目的局限在考试上，未免格局有点小了。

诗歌是文学当中最重要的一部分，我们学诗歌、写诗歌，其实是在优雅地抒发、有格调地抒发，是用一种诗意、有格调的、有创造力的形式，去抒发我们自己的生命状态。

有一天，你可能年纪大了，垂垂老矣，满头白发，却想起了自己少年时代写的诗歌。就像李清照暮年站在窗边，看到街上游人如织，写下了那首《永遇乐·落日熔金》：

> 落日熔金，暮云合璧，人在何处？染柳烟浓，吹梅笛怨，春意知几许！

落日的余晖像熔化了的金子，傍晚的云彩像围合着的明月，如今那个劫后余生的人究竟在什么地方呢？渲染柳色的烟雾渐渐地浓郁，笛子还吹奏着《梅花落》的怨曲哀声，究竟谁知道还有多少春意？她也想到自己闺门多暇的少女时光，她想到那个"争渡，争渡，惊起一滩鸥鹭"的傍晚。而如果她年轻的时候不写那个水鸟飞起的傍晚，她晚年的时候不就没有什么可以回忆了吗？

更何况考试内容不会一直不变，万一以后要考诗歌呢？提前做些准备，总比临时抱佛脚更好一些。

甜甜老师送给家长朋友们一句话

人一生当中有足够多的回忆拿来取暖，晚年会幸福很多。就好像一生当中你走过足够长的路，晚年的时候回忆起来才不觉得这一生亏了，对吧？

每个孩子都是小小诗人

孩子想要练习写诗，首先要过心理这道关，不要把写诗当成一个任务，不要把写诗当成一件很恐怖的事情。

一定要记住，《诗经》当中最好的诗歌都在《国风》里，它们是老百姓田间地头随口唱出的歌谣，多数是四言一句，但又冲破了四言的格局，有二言、三言、五言甚至七言、八言，句式非常灵活。格式不拘一格，但足够真情流露。

小朋友写诗的时候也是一样，格式、声韵、字词都无所谓。最重要的就是"我在唱我，我在说我，我在写我，我是有价值的。上天生我，必有所用。我是一个微小而平凡的生命，但是我独一无二、意义非凡"。

当你开始观照自己、尊重自己的人生价值，足够热爱自己、热爱生活、热爱自然的时候，诗歌是会自然地流淌出来的。

甜甜老师的推荐书单

- 《诗经》   · 《唐诗三百首》

- 《宋词三百首》

- 《唐诗来了！在诗人故事中轻松读唐诗》

- 《宋词来了！在词人故事中轻松读宋词》

- 《跨山海：14 位古代诗词偶像的真实人生》

读历史：
让孩子从小拥有更高的眼界和格局

死记硬背，让孩子对历史失去兴趣

文学是人的学问，历史也是人的学问，所以文学和历史的交会点就是人。不要让年份和数据禁锢孩子，否则就本末倒置了。

死记硬背学不好历史

有一些家长意识到了学历史的重要性，但是发力点又有偏差。比如，让孩子背年份，一个年份对应一个事件，但是如果让孩子仔细讲讲这些故事，孩子往往支支吾吾讲不出来。这是不够的。

比如，"安史之乱"这个事件是公元 755 年爆发，公元 763 年结束，这场战争打了七年零两个月。孩子光记这些东西有什么用呢？

我们要知道，为什么叫"安史之乱"？它为什么会爆发？为什么会打七年多？为什么安禄山到最后会失败？失败以后对中国的历史产生了什么影响？那么繁华的大唐盛世为什么会衰落？这场战争为什么会改变中华民族的命运？历史背后有哪些触及心灵的故事？这些东西才是历史的核心。

读史可以明智

为什么说读历史的小孩会很聪明呢？因为你会发现历史当中揭露了很多客观规律，一个王朝的兴盛、衰败、灭亡都是这个样子的。中国的历史由乱而治，由治而乱，分分合合，合合分分，有其客观规律。孩子找到这个规律的过程，就是开智的重要环节。

其实，我读历史读得有些晚，确实有点后悔。我小学时不怎么接触历史，到初中时，就被迫上历史课，因为老师当时讲的内容都是为了应付考试，刻板、冷漠、无趣，我背诵困难、答题不对，所以也就产生抵触心理，不喜欢历史。

直到上大学，我们学中国古代文学史，老师从另外一个角度讲中国的文学和历史时，回到人本身，我才明白什么叫作"文史不分家"。

李白之所以是李白，因为他在大唐盛世，经历了开元、天宝，他一生中大部分时光是跟着大唐盛世往山顶走的，于是他看到的是天空广阔，看到的是雄鹰翔翔，看到的是在云端的理想，看到的是永不坠落的希望，所以，他是"诗仙"。

文学、历史不分家

文学跟历史常常会一起来讲，这也是为什么我们常说"文史不分家"。历史的背后其实也是故事，也是活生生的人，因为历史就是由一个个人组成的。

但文学史绝不是把文学和历史僵硬而生涩地硬拼在一起，比如，有人讲《山海经》，居然在其后讲元谋人、北京人——简直莫名其妙。《山海经》本质上是周人的人文地理志，讲元谋人干啥？

我在给孩子们讲"安史之乱"的时候，会结合杜甫的故事去讲，因为他既是诗人，也是历史的亲历者。从文学的角度看历史，很奇妙，也很丰富。

很多人对杜甫的印象可能是书本上那种白发苍苍的、在风中凌乱的、满目沧桑的悲苦老头，但其实不是这样的。杜甫年轻的时候特别狂，他甚至比李白还要狂。

李白十几岁时说："我写的文章比司马相如还厉害！"但是杜甫说："写诗是我家里的事，你们都退一下！"因为杜甫家里世代写诗，他爷爷是杜审言，他爸爸是杜闲，确实世代传承，就是写得好。后来杜甫长大了去参加科举考试，虽然没考上，但是他也没去复读，就去旅行了，所以他写出了《望岳》：

> 岱宗夫如何？齐鲁青未了。
> 造化钟神秀，阴阳割昏晓。
> 荡胸生曾云，决眦入归鸟。
> 会当凌绝顶，一览众山小。

因为杜甫 20 多岁时的时代太好了，有无数的机会，有无数条路可以走，所以杜甫和他的家人从来不觉得科举考试没考上会怎样，他们不担心未来。杜甫 20 多岁的时候，其实是很自大、很快乐的，后来才发现"理想很丰满，现实很骨感"，经历了很多波折后，终于做了个小京官。在他探亲回来的路上，战争爆发了，他的诗歌风格陡然就变了，从少年时代那种意气风发变成了沉郁顿挫。

他的诗歌为什么会变成那个样子？因为时代变了，一个繁华盛世落幕了。在唐玄宗逼杨玉环在马嵬坡自缢的时候，在杨玉环的翠雀金翘玉搔头落地的那一瞬间，大唐的繁华就已经落幕了。所以，时代的一粒灰尘落在一个人的肩上，它就是生命不可承受之重。

因为战争爆发，他要回京见新皇，我讲到这里就会把"安史之乱"的事情引出来。

公元 755 年年底，安禄山、史思明发动了一场改变大唐命运的战争。安禄山是谁？他是当时大唐三个藩镇的节度使。

大唐为了加强边防力量，在边疆设节度使。节度使可是拥有独立兵权的。安禄山很会拍皇帝的马屁，皇帝被他哄得很相信他。有一回安禄山入宫觐见，皇帝问："此儿腹中何物？"安禄山回答："此无他，唯赤心一颗。"皇帝越来越喜欢他，就把他封为三个藩镇的节度使，他手上有 15 万 ~ 20 万兵力，而皇帝身边的兵力不到 10 万。到了公元 755 年，安禄山跟皇帝身边的杨国忠等人矛盾激化，他打着"清君侧"的名号开始起兵反叛。

我在跟孩子们讲这些故事的时候，会引发他们对于历史的一些思考，比如唐玄宗到底是不是"愚蠢皇帝"呢？他是不是一个"24K"纯昏君呢？

其实不是的，因为如果他真的是那样的话，他不可能开创"开元盛世"，只是因为他性格中那些不可避免的弱点。在中晚期，他可能觉得现在已经是太平盛世了，所以就慢慢地懈怠了。

那么在这种情况下，大唐的内外矛盾开始加剧，所以安禄山就开始起兵反叛。可是这个时候，皇帝身边的兵力是不够的，那些兵力又因为日常养尊处优，根本没有办法抵抗安禄山的叛军。所以安禄山很快就攻占了潼关，潼关的下一站就是长安，皇帝仓皇出逃，到蜀地去避难。

李亨在灵武即位，是为唐肃宗，杜甫这个时候准备去灵武见新皇，可是他在中途又被劫到了长安，所以他才会在长安写出《春望》：

烽火连三月，家书抵万金。白头搔更短，浑欲不胜簪。（连绵的战火已经延续到了现在，家信难得，一封抵得上万两黄金。愁绪缠绕，搔头思考，白发越搔越短，简直插不了簪了。）

这时候，文学、历史有机地结合在了一起。当我们在个人的生命状态中加入宏大的时代，文学、历史才开始血肉丰满。

杜甫从长安逃出来跑到灵武去找新皇，唐肃宗很感动，给他封了个官——左拾遗。但是，他老跟唐肃宗提意见，所以新皇看不惯他，就把他贬官了。结果在去华州的路上，他看到了一个破败的村子，因为战事吃紧，前方兵力不足，官差晚上来征兵。杜甫亲耳听闻他们对于百姓的那种凶残、恶毒、粗暴。于是，他写出《石壕吏》。那一夜，他听到了那户农家百姓的哭声，也听到了千千万万百姓的哭声。于是《石壕吏》才如此动人。

所以，把人物的故事放在历史的背景中去讲，我觉得这才是最重要的。

给孩子讲了这些之后，他们再去读《石壕吏》，再去读"安史之乱"，感受会更丰富，印象会更深刻。我们每个人都是不能脱离时代的，而人在时代当中，在大环境之中，真实经历和情感是最触动人心的，也是最能让大家留下记忆的。

如果我单纯讲"安史之乱"，孩子们可能不会有什么感觉，但是我以杜甫这个人讲"安史之乱"，讲他颠沛流离的日子，当孩子看到"安史之乱"当中千千万万百姓那种压抑又悲伤的痛苦的时候，他就会觉得原来战争真的好惨，也会觉得战争就是打破了所有人对生命最基本的愿望，仅仅是想跟自己的家人生活在一起也无法实现。就是因为战争到来，一切都没有了。把这些都连起来之后，历史才能更鲜活。

所以，还是要回归历史事件本身去，回到人身上去，回到故事里去，孩子才会喜欢。我觉得现在的孩子读历史依旧需要以故事为核心，回归人本身去。

甜甜老师送给家长朋友们一句话

历史让人聪慧，文学使人悠远，但它们本质上都是人的学问。

如何选对一本历史书

读历史书可以从变体开始，但原著还是要读的。

从功利的角度来说，文言文是孩子必考的篇目，如果不读文言文，考试的时候他很可能没有语感。

从非功利的角度来说，文言文是以古代汉语为基础的书面语，跟白话文的区别很大。文言文通常很雅致、很经典。

我们都知道，即使是现在我们说的话，跟我们写在文章里的话，也是很不一样的。

"史家之绝唱，无韵之离骚"——《史记》

我们读《史记》的时候，很明显地会看到历史的背后依旧是人，依旧是人一生的生命体验、生命日记，是人的灵魂。司马迁也在用别人生命中的波澜壮阔书写自己生命的华章。《史记》就是用一个个历史人物一生的故事，把一段段波澜壮阔的历史串起来。

因为司马迁本身首先是一个文学家，然后才是一个史学家，他就是以人为核心去讲宏大的历史。他先关注了人的生命本身，才去关注宏大的历史背景。

司马迁当初周游全国时去了战国的古战场，去楚国（今湖南、湖北一带），看屈原住过的地方，所以他依旧是在探寻人本身，然后才是这个人在这个时代发生了什么故事，这个人的青年、中年、晚年。

我们一遍遍读一个人的传记时，看到了他一生当中的波澜壮阔是如何在宏大的历史背景之下，由一个自然性的人变成社会性的人，就是人的生命和社会结合在一起了。我觉得这才是历史，而不是客观地去说这个时代从××年到××年，我认为这些时间不重要，重要的是这个时代当中有什么样的人，这个时代当中有哪些波澜壮阔的事情。

这些人为什么会千年万年被人记住？他们迸发出了什么样的生命能量？我们看历史，不就是看历史当中的人吗？看历史当中的人做出了一些什么样的事情。

虽然《史记》不能算一本纯客观的历史书，就好像《三国志》里讲"三顾茅庐"，只有三句话，大概意思就是去了三次，没见到，后来看见了，就结束了。

但是，"三顾茅庐"到了《三国演义》里就变成一大篇，讲了怎么去见诸葛亮，这三次见到的都是什么人，以及见面的过程，写得清清楚楚。所以，一本纯粹的史书是很无趣的，但是当一本史书文学性很强的时候，它就很难避免带着作者强烈的主观情绪和情感。这时候的创作，很多内容就是虚构的。

如果把《史记》当成一本纯客观的史书，是可以找到很多漏洞的，但是如果把它看作一个历史时期中伟大人物的心灵史，它就是顶级作品。

《史记》以小见大的叙事方式

《史记》中的每个故事讲的都是一个人，他从少年到暮年，他怎么在一个宏大的时代当中完成他的使命。

我最喜欢的那一篇叫《项羽本纪》，而其中最有意思的部分就是大家很熟悉的"鸿门宴"。在那场宴会中，每个人的性格都写得很分明：

项羽盲目自大以及英雄光明磊落的特点都在里面。

刘邦老谋深算、谦卑恭顺、高明政治家隐忍的特点全在里面。

樊哙作为刘邦的心腹战将，他的忠诚、勇武、粗中有细的特点全在里面。

张良作为刘邦身边最得意的谋臣，他那种沉着冷静、为主谋划的特点也全在里面。

项羽身边的项伯、项庄那些人的细微之处也写了。

能够让每一个人都栩栩如生地立在纸上，而且他们的背后还是一个真实的、宏大的历史背景。所以，我觉得这场鸿门宴写得太精彩了！

司马迁通过一场宴会讲了一个楚汉相争的分界点，他没有写一个宏大的战争的场面，只是告诉大家在这场宴会之后，一个人物悲剧的命运就已经出现了。这样的写法，实在是非常高级。

读史书也可以从变体开始

孩子们在小学时就可以读历史书了，比如先选择一些历史故事读，但我还是建议家长在一开始的时候就让孩子把《史记》读下来。

原文读不下来没关系，可以先读现代版的《史记》，比如我选择的是《少年读史·小史记》。孩子读原著确实有点困难，那就从变体开始，然后再读原著。

这些都读过之后，再去看一看孩子对哪个朝代、哪个时期甚至哪个人比较感兴趣，有针对性地去读他喜欢的内容，因为这些都有历史的宏大背景。

在读历史的时候，我们经常发现很多人物的命运极其相似，无论是成功还是落幕。

读历史的过程中，一个最大的感触就是历史总是惊人地相似。太阳底下没有新鲜事，孩子读完历史书之后，就会发现很多规律都是长存的，它们能够在人生当中帮助孩子避一些坑，所以要总结这些历史事件的相似之处。

孩子读了一些历史人物之后，会很容易发现成功的人有很多相同的特质，比如他们坚韧、沉着、不因小失大、临危不乱，这些都是成功的人能够在事业上取得重大突破的共同特点。

孩子读了这些人物之后，如果也想在生命当中取得一些成就，他就会慢慢向这个目标靠近，改正一些缺点。比如，失败的共同特点"自大"，项羽和廉颇曾经都是自大的，可以让孩子去总结思考一下。

读历史书的时候，家长要给孩子一个缓冲的时间，让他一点点接触，一个台阶一个台阶地上，不要急于求成。

比如，小学的孩子读《史记》，读完变体的书之后，就可以读几篇经典的文章了。像《廉颇蔺相如列传》《项羽本纪》，这些都是可以让孩子逐字逐句精读的。

孩子精读一两篇之后，他就会发现其实文章中的句型、结构等是相似的。所以，不要求多，慢慢地读，不要着急。以精读为出发点，以后就是举一反三、触类旁通的过程了。

读经典原文很重要，因为现代文章再怎么变体，就算是再好的现当代作家，在做改编和创作的时候，跟原著还是会有一定的隔阂和差距。

比如，《鸿门宴》里写樊哙进门，刘邦、项羽几个人的反应，原著写：

> 樊哙侧其盾以撞，卫士仆地。哙遂入，披帷西向立，瞋目视项王，头发上指，目眦尽裂。

樊哙用盾牌把左右卫士撞击了一下，然后就进来了，站在那个地方"瞋目视项王"，瞪着眼睛，而且"目眦尽裂"，用四个字写出这个人已经愤怒到极点了，他的怒火已经冲到头顶上了，他的眼睛都要瞪出眼眶了。

"项王按剑而跽"，项羽按住他的佩剑，立起身来，他是做一个警备的姿势。项羽在前面几个人进来的时候都是很慵懒地坐在他的席子上面，可是樊哙进来站他面前，他就按着剑立起身子问："客人是从哪里来的？"

原文又写：

> 项王曰："壮士！——赐之卮酒。"则与斗卮酒。哙拜谢，起，立而饮之。项王曰："赐之彘肩。"则与一生彘肩。樊哙覆其盾于地，加彘肩上，拔剑切而啖之。项王曰："壮士！能复饮乎？"樊哙曰："臣死且不避，卮酒安足辞！夫秦王有虎狼之心，杀人如不能举，刑人如恐不胜，天下皆叛之……"

再看写他的语言，"壮士！——赐之卮酒"，项羽说给壮士一杯酒，而樊哙一饮而尽了，项羽又"赐之彘肩"，给樊哙一个猪手，结果旁边的人拿来的是一只生的猪手，这是在给樊哙下马威。

樊哙面不改色，把盾牌扣在地上，把彘肩放在上面，拿剑来切了吃。项羽后来问他："壮士！能复饮乎？"就是问樊哙你还能喝吗？樊哙说："死且不避，卮酒安足辞！"我死都不怕，我还怕一杯酒？

读了原文，我们就会知道司马迁是怎么刻画一个人的。在那么危险的情况之下，"目眦尽裂""拔剑切而啖之""死且不避，卮酒安足辞"，寥寥数语，一个人的形象就立起来了。

现当代的文学家去改编的时候，可能要写很多话还表达不出来原著的意思，即便故事情节写出来了，但是语言的核心点、审美的意味还是没办法完全传达出来。

因此，孩子还是尽可能地把故事读完之后再去读一下原著，这是一个进阶的过程，可能会上升到文学的审美和鉴赏层面上来。

甜甜老师送给家长朋友们一句话

历史也是人的故事，没有孩子也没有大人会拒绝故事。

3 个方法，带孩子正确地读历史

很多家长表示自己的孩子虽然读了很多历史方面的书，但是记不住细节和人物。这其实很正常。人们对一些很庸常的事情往往没有记忆点，但对那些很特别的日子，记忆则相对清晰。所以，我们一定要为孩子创造一个情绪的高点，帮助孩子深刻记忆历史细节。

给孩子创造情绪高点

汪曾祺在《果蔬秋浓》[①] 里写道：

> 江阴有几家水果店，最大的是正街正对寿山公园的一家，水果多，个大，饱满，新鲜。一进门，扑鼻而来的是浓浓的水果香。最突出的是香蕉的甜美。这香味不

---

① 选自《人间草木》，中国友谊出版公司 2023 年 4 月第 2 次印刷版。

是时有时无，时浓时淡，一阵一阵的，而是从早到晚都是这么香，一种长在的、永恒的香。香透肺腑，令人欲醉。

我后来到过很多地方，走进过很多水果店，都没有这家水果店的浓厚的果香。这家水果店的香味使我常常想起，永远不忘。

那年我正在恋爱，初恋。

最后这句话是全文的精髓所在！

因为处于热恋中，他处在情绪的巅峰体验里。这时，他觉得连一个水果店都特别闪闪发亮，店里的水果好像都散发着跟其他地方不一样的芳香。

人生体验就是这样的，一定要为孩子创造一个情绪的高点，他才会有深刻的记忆点。

很多孩子之所以记不住人、记不住细节，就是因为那些人、那些细节跟他无关。

如果我们回归这个人本身，当他触及孩子心灵的时候，他跟孩子产生关系的时候，他自然而然就被孩子记住了。就好像我跟我的学生们讲《鸿门宴》：

项庄拔剑起舞。项伯亦拔剑起舞，常以身翼蔽沛公，庄不得击。

项庄受了范增的指使，要去把刘邦杀了。所以项庄舞剑的时候，是不是要一直刺杀坐在那里的刘邦？看起来项庄在舞剑，其实是在找机会刺杀刘邦。

什么叫作"翼蔽沛公"？这就要讲讲项伯为什么要保护刘邦了，因为两家人刚刚结了儿女亲家。项伯可能会想，"万一楚汉相争以后，刘邦当了皇帝，我女儿可是皇后，我是皇亲国戚，我还得给自己留条后路"。

于是项伯"翼蔽沛公"，他就把手臂张开去保护刘邦。我讲的时候还会做动作，一个是张开手的，另一个是不张开手的，问他们哪个能更好地保护刘邦。他们就会说出自己的理由，比如选张开手的，因为这样他的身体弧度会更大，保护的范围也会更广。

我在给孩子们讲历史故事的时候，整个人都要动起来，要让他们去想象那个画面：如果你是项伯，你会怎么保护沛公？

给孩子创造一个记忆点，当他有情绪体验的时候，一些细节就很好记，不然他会很痛苦。

读历史时学会迁移

历史是过去，有时也是现在。好比《石壕吏》里面的故事，依旧在现在的一些国家和地区上演。我在讲"安史之乱"、百姓疾苦之时，就会联系当前的国际战争，让孩子们明白：不要做战争主义者，百姓的愿望不过是想一家团圆、简单活着。

旅行也可以了解历史

在了解历史方面,旅行和读书是两种截然不同的感觉。

比如,我去四川眉山,特意去了一趟唤鱼池。苏轼当年在眉山读书,他的老师叫王方,后来成了他的岳父。当时王老师带着众弟子在这鱼池边课间休息,他让大伙儿给这个鱼池起个名字,苏轼一锤定音:唤鱼池。真是灵动有趣,王方拊掌称叹之际,家中侍女刚好拿来一张花笺,上书三个字"唤鱼池"。写这张字条的人,正是王老师的女儿王弗。就这样,两个年轻的生命心有灵犀,不点却通。

我站在那个地方,想到这里有他们那么美、那么动人的少年时代,想到他们的爱情和婚姻,想到他们相互扶持,想到他们的生离死别,恍恍惚惚觉得百年光阴簌簌而过。

池水安安静静,看着它,我会觉得历史生动可感,它不是一个虚幻的故事,它是实实在在发生过的。

我去昆明参观西南联大旧址,想到战火纷飞中,汪曾祺笔下那些神奇的少年。

我去湖北黄州吃东坡饼、东坡肉,想到苏子当年。

旅行让我们隔了千年万年的时空,跟曾经到过这里的那个人相遇。他在这里呼吸过,他在这里生活过,他在这里读过书,他在这里受过苦。那种跨越时空的真实很触动人。

我跟孩子们讲完李白,那时候刚好是 7 月,一些小朋友就闹着跟爸爸妈妈去了一趟四川。他们给我拍李白的故居,那个故居还是保留了一些古代风貌的。

我会跟他们说:"你看,当你跟爸爸妈妈在李白的故居里走来走去的时候，风正好就穿过来，四周寂静无声，游人喧哗的声音渐渐消散了，你是不是就能想象得到，那个时候的少年李白在这个房子里勤奋地读书呢？他想实现自己的人生理想，小时候很努力，在山里读了 10 年书。"

当孩子身处那个环境时，他们能感受得到更真实的东西。

除了让孩子读历史的故事，看人物的传记，去实地旅行，跟别人去交流，讲一讲孩子对历史人物的一些想法，有的时候去听听民间的野史也不错。

比如，民间经常会说苏小妹，但苏东坡是没有妹妹的，他只有姐姐。为什么会有这样的传说？因为人们太喜欢苏东坡，便会给他附会很多故事，这些故事不是正史，但它们也是一个时代的人们真实愿望的写照。他们会觉得苏东坡就应该有一个可爱的妹妹，他就应该有一个可爱的妹妹嫁给秦少游。

甜甜老师送给家长朋友们一句话

读圣贤书，行万里路，身体和灵魂总要有一个在感受世界与光阴。

多看历史故事，让孩子从小拥有思辨能力

读历史，学的是为人处世的道理和辩证地看问题的思考方式。

历史中都是人性

有一个历史故事叫《漂母赠饭》，讲的是韩信的成长历程。

少年韩信没有家人，是一个混混，到处晃荡。当地的亭长觉得韩信的样貌很奇特，就把他请到家里去，每天给他饭吃，就这样过了一个月。

有一天早上，韩信再去他们家吃饭的时候，发现人家的饭早就已经吃完了，韩信没说什么就走了。

亭长夫人觉得这个混混没有什么本事，天天来自己家吃饭也不干活，就不想给他饭吃，故意在他来之前早早把饭吃完了，用这种方式对韩信表示无言的鄙视。

韩信晃荡到一条河的旁边，看到一个老婆婆在洗衣裳。漂母看到韩信很饿，就把自己的食物给他吃，韩信说："等我以

后有钱了，有出息了，当了大官，我给您一千两黄金，我一定好好报答您。"

这个老妇人叹了口气，说："孩子，我只是觉得你可怜，才给你饭吃，没有想过要你报答。"

不久之后，当地有个年轻的屠户认为韩信是个胆小鬼，就侮辱他，让他从胯下钻过去。

这些事情让韩信受到了很大的刺激，开始奋发图强。后来，他做了刘邦身边的大将军，在刘邦统一天下以后得到了很多封赏。之后，他荣归故里，去找那些曾经帮助过他的恩人。

他找到那个给他饭吃的老婆婆，给了她一千两黄金，却没有给亭长家一分钱。

其实，这就是人性。这个故事里有漂母的人性，有韩信的人性，还有亭长跟亭长夫人的人性。

那个让韩信遭受胯下之辱的屠户，被韩信召到军营。他吓得战战兢兢，觉得韩信肯定要报复自己，自己马上就要死了。可是，韩信高高兴兴地把他召到军营中去，让他做个小官。韩信说，要是没有屠夫，就不会成就今日的韩信，胯下之辱把韩信压到了最底层，他才有机会弹起来，这也是人性。

用历史启蒙孩子的思想

我给孩子们讲封建时代历史的时候会给他们举例子，说："你们看中国古代，唐朝很好吧！唐玄宗好的时候，这个国家就很好，他不好的时候，这个国家也跟着不行了。这就是封建时代，它是一个人说了算的。所以你们看，一个皇帝对于这个封建王朝多重要。"

我又跟他们讲：历史是怎样分分合合的？一个朝代是由什么样的人建立的？它是怎么从好变坏的？它最开始建立的时候，统治阶级想的都是什么？他们最初想的是要励精图治、对百姓好，但是慢慢变得荒淫了，他们忘记了百姓，忘记了水能载舟亦能覆舟，这个朝代就慢慢地消亡了。每个时代都是这个样子。

这样讲过之后，孩子们就会明白，原来对于"安史之乱"，唐玄宗是要负很大责任的。慢慢地，孩子们听得多了，能感觉到什么叫"民如水，君如舟"，什么叫"民贵君轻"。

家长想带孩子思考一些人生问题，也可以通过读经典的历史故事来达成。

比如，讲到"小不忍则乱大谋"的时候，我会给他们讲韩信受胯下之辱的故事。我说："孩子们，韩信从屠夫的胯下钻过去了，你觉得他是个什么样的人呢？"刚开始，孩子们会说："他懦弱！他居然从人家胯下钻过去！"但是，我会引导孩子们去思考："韩信面对的是一个喝醉了酒又拿着刀的屠夫，这个屠夫已经神志不清了，韩信如果跟他硬来，会是什么结局？韩信长得不高，是个柔弱的少年，他可能会被屠户打死。我们在遇到一些危险的时候，也可以适当示弱。示弱，有的时候是一种勇气，也是一种智慧。"

有的时候，一个人为了一个时代的进步会付出巨大的代价。

如果我直接跟孩子们讲，一个人为了一个时代的进步会付出巨大的代价，可能是生命的代价，孩子们很难理解。但如果用讲故事的方式讲给他听，就会显得有血有肉、鲜活生动，会特别接地气。

不要让孩子受困于历史

我们要让孩子通过学历史修正自己的行为，但是不要让孩子太过受困于历史。

举个例子，我们讲唐宋。

为什么唐朝人喜欢丰腴的体态？他们喜欢的是生命健康的状态，喜欢的是张扬又热烈的生命力。宋朝为什么会喜欢纤瘦？因为宋较之唐，更内敛、更低调、更随和。

为什么唐朝喜欢牡丹花？它雍容华贵、盛大独特，唐人看到的是一个恢宏的时代，是盛唐气象。宋朝喜欢菊和梅，菊花和梅花秋冬才开花，萧索的季节却盛放，因此宋人看的是风骨。他们已经不再推崇昂扬旺盛的生命力，他们只能去讲风骨。所以，从唐朝到宋朝，生命力其实是一点一点在减弱的。

我跟孩子们说："宋太祖确实跳出了历史的周期律，但他到了另一个极端，那么这个极端就又是一个历史的周期律了。"

你看，宋太祖赵匡胤吸取唐中期、唐末武将叛乱的教训，搞文臣治国，却矫枉过正，走到了另一个极端，导致宋朝后期变成一个冗官、冗兵、冗费的朝代。文臣治国的方式会让整个国家缺乏战斗力，变得难以抵御外族侵略，难以抵御西夏和辽。所以，宋朝中后期就一直被欺负，想收复中原也收复不了。

我们在思考问题的时候，还是要放到一个客观的角度，想一想这个事情的好处和坏处。这就和我们常说的"否极泰来""乐极生悲"是一样的。你要倒霉到了极点，你的好运气可能就要来了；你若是得意到了极点，你的悲伤可能就要来了。这样给孩子们讲了之后，他们也能听得明白。

启蒙孩子的思辨力

启蒙孩子思辨力的时候，不能直接把一个历史定论给他。比如，1840 年英国发动鸦片战争，中国逐渐沦为半殖民地半封建国家，这句话对于启蒙他的思想没有明显帮助。

我们讲鸦片战争的时候，要讲 1840 年怎么就发生了鸦片战争，鸦片是个什么东西，鸦片怎么能够变成一个战争的导火索，鸦片战争是怎么改变中国的。

虽然历史事件是客观固定的，但是家长怎么去引导孩子，这个方式很重要。要把是什么的问题变成为什么、怎么样，用交流和探讨的方式启蒙孩子的思辨能力。

甜甜老师送给家长朋友们一句话

读历史有很多的角度，比如从唐宋女性的妆容、服饰变化都能看出时代气象不同。

读历史人物，成长路上早立志

读史可能会让人更早地立志。因为我们在读很多历史关键人物时，很容易发现他们大部分人在小时候就立下了远大的志向。这会给孩子带来引导作用。

历史人物都早立志

比如，刘邦当初只是沛县的一个普通亭长。有一次，他跑到长安看到了秦始皇的车驾，说："这才是大丈夫！"他之所以说出这句话，是因为他向往的就是成为这样的人。豪华车驾背后是威严，是权力。

项羽同样看到了秦始皇的车驾，他说的是："有朝一日我要取代他！"

司马迁很会写，两个人的性格特点通过这两句话一下子就展现了出来。作为时代巨变当中的重要人物，他们两个是有志向的。

让孩子早立志真的挺重要的。取其上者得其中，取其中者得其下。一个人如果从小的梦想是当国王，就算最后他当不了国王，至少不会平庸一辈子。所以，这世界上有很多人胸无大志，结果一生碌碌无为，真是可悲可叹。

找到榜样，影响自己的一生

榜样可以是一个，也可以是很多。

我有很多榜样，在他们每个人身上都发现了不同的力量，受到了不同的滋养。

孔子是我的榜样。我十几岁时就暗下决心，今生一定要做一名优秀的教师。孔子告诉我，教师的职业理想是"有教无类"。当然，这也是他的教学原则之一。

孔子创办私学，让普通家庭的孩子也可以接受教育。他既收富人的孩子，也收贩夫走卒的孩子，甚至收被士大夫认为最卑贱的家庭的孩子。我少年时代读他的故事，真是深深震动。

苏东坡也是我的榜样。

高中毕业的暑假，我与几个好友去了一趟黄冈。黄冈就是古代的黄州，是苏东坡被贬官的地方。我一边在黄州旅行，一边读苏轼的诗词散文；一边读林语堂先生的《苏东坡传》，一边慢慢整合我心中的苏轼，以及他的黄州岁月。

苏东坡让我印象最深刻的，倒不是《定风波》《赤壁赋》《黄州寒食帖》这样极好的作品，反而是他在黄州的时候写的《蜜酒歌》当中的几句：

一日小沸鱼吐沫，二日眩转清光活。三日开瓮香满城，快泻银瓶不须拨。

他在黄州的岁月真是艰苦异常，这种艰苦包括物质上的、精神上的。但他总是千方百计给自己找乐子，他去种地，他去散步，他去炖肉，他去酿酒。这几句写的就是酿酒的过程。第一天酿酒缸里的酒像小鱼一样吐泡泡，第二天酒液清澈光亮，第三天打开酒缸居然闻到了酒香。他说，南园中的蜂蜜像雨点一样浓密，看来这是要让自己醉倒呀！

我读着酿酒小赋、猪肉小颂，觉得苏东坡好厉害，他总是能够在艰难困苦当中找到一点生活的乐趣。如果一个人拥有自娱自乐的特性，那人生不会过于孤独和无聊，他总是能够给自己找到一些快乐和宽慰。

他在黄州这片贫瘠的土地上，生活把他捶打得伤痕累累，可他却把这些伤痕变成了翅膀上精致的花纹。

苏轼是我重要的灵魂导师，是我的榜样，也是我要推荐给孩子们的永恒的榜样。

引导孩子找榜样

我们可以从不同方面引导孩子在历史上找榜样，学别人什么时候立志，立一个什么样的志向。

比如，李白十几岁时的志向是做帝王师，他想为这四海清平、寰宇大地，为这国家和百姓更好的生活去努力。孩子可以学他，以他为榜样，这是立志的一个部分。

当人生中出现苦难时，孩子应该怎么面对它？有的人在苦难当中消亡，有的人在苦难当中却升华了。升华的这一拨人之所以被历史记住，被人民记住，不就是这个点触动我们，能够给我们很多力量吗？

有的人一生都在追求理想，但是有的人追求一半就躺平了。其实，李白追求理想几十年都没有实现，可他依然给我们很多力量，告诉我们什么叫作理想主义，什么叫作浪漫主义，什么叫作为理想至死不渝，热烈地去追求。

我们面对生活中的其他人或者我们都见不到的那些人，甚至是跟我们没有什么关系的人，他们在遥远的地方也会给我们一些力量。鲁迅先生说："无穷的远方，无数的人们，都和我有关。"鲁迅先生之所以是先生，是因为他有圣人的精神。

杜甫和白居易，我觉得他们真的是人民的诗人。他们给我们最多的启示就是在自己的生命状态不太好的情况下要关照别人。白居易看到的是卖炭翁，石壕村里那些普通农家的百姓。

孩子在不同的阶段可以多找几个榜样。每个人的阶段目标不一样，需要从不同的方向去找适合自己的榜样。

甜甜老师送给家长朋友们一句话

我常常觉得我普通、平凡，但是在读这些榜样的诗文的时候，在讲解他们的故事的时候，我总感觉那一刻我在接近高贵。我们可能终其一生也达不到那样的高度，但是生命要充满向往，灵魂需要一座灯塔。

每个孩子都是小小辩论家

任何事情都有正反两面，我跟孩子们讲得最多的、需要思辨的是宋朝的历史。有的人对宋朝持有很大的偏见，他们觉得宋朝是一个很孱弱的朝代，不敢反抗，不敢打仗，好像就是偏安一隅，在一个地方歌舞升平。

他们对宋朝的一些皇帝也不太喜欢，比如像天天风雅却没本事的宋徽宗。他们觉得他好弱，他被掳到金国，什么都干不了。但宋徽宗是一个文人皇帝，他的书法、他的绘画、他的诗歌都是特别好的。就因为他是一个这样的皇帝，所以他才能那么推崇他身边的那些人。

我会跟孩子们说："你们看，宋朝其实在某种程度上是崇文的，对文人的社会价值和尊重，到宋朝时达到了整个封建时期的顶峰。整个社会都崇尚文化、崇尚文明、崇尚文人。"

宋朝追求仁、义、礼、智、信，他们可能会用更高的道德标准来要求自己，可能会更加温和、更加谦厚。从某种程度上说，我认为这是一种时代的进步。

就是因为宋朝是这样一个崇尚文化的时代，所以晏殊这样的人能够做太平宰相。他觉得不要打仗，不需要开疆扩土或者有多大的国际声望，只要能够让我们的百姓平平静静地过日子，就挺好了。相对于战争来说，在某种程度上，宋朝的百姓也会觉得这样的生活其实是更好的。

所以，一定要辩证地去看历史，一个时代有它的局限，也有它的伟大之处，对于时代，我们要用一些宽和的眼光去看待。

我平时上完课之后，也会让孩子们自己回去思考。如果可以的话，家长也可以参与到孩子的辩论中来。

比如，孩子想穿越到哪个时代，那家长陪着他在那个时代就可以了，选择一些有争议的朝代、有争议的人物，可以见仁见智地去说。

辩论的时候，家长要注意既引导他又刺激他。我之前给孩子们讲课的时候，发现他们有个特点，很喜欢谈论自己的想法。

我问他们："你们觉得这个人是个什么样的人？"他们就会有很多想法，其实就是一个小辩论。每个人都会有自己的观点，但当他有自己的观点的时候，还只是一个模糊的印象，家长引导孩子把观点陈述一下，让孩子讲一讲为什么喜欢。

而且，爸爸妈妈可能要挑一下刺，故意挑起孩子的表达欲望。比如，家长说："我觉得李白不能做官，就是因为封建社会太黑暗了！"

孩子可能就会开始反驳家长，说："怀才不遇和社会黑暗不能画等号！李白不能实现他的理想，更多的是内在原因，他狂傲的性格、诗人的浪漫个性等才是核心！再说，他人生的大部分时光其实在大唐盛世……"当孩子在反驳家长的时候，他就是在思考问题，在阐述观点。这简直再好不过！

甜甜老师的推荐书单

- 《如果历史是一群喵》
- 《少年读史·小史记》
- 《写给儿童的中国历史》
- 《儿童版世界简史》
- 《国家宝藏·博物馆里的中国史》
- 《凯叔讲历史 孩子秒入迷》
- 《太喜欢历史了！给孩子的简明中国史》

- 《故宫里的大怪兽》
- 《半小时漫画中国史》
- 《藏在地图里的中国历史》

读小说：
用故事拓展孩子生命的厚度和广度

小说能让孩子发现生命的多样性

读小说的人，可以过一千种人生；不读小说的人，只能过一种。小说让孩子与大千世界相遇。

人生有限但文学无限

读小说就是让一个人的生活无限扩大，变得遥远，他可以去南美洲的某一个风情小镇，可以去墨西哥的蓝色小镇，还可以去威廉古堡，也可以去很多一辈子都不可能去的地方。

有一年冬天我在湘西旅行，大雪下了一夜，旷野的风呼啸而来，我坐着一条小船慢慢移动在沱江之上，突然觉得这个场景无比熟悉！《红楼梦》最后，宝玉穿着大红猩猩毡对父亲下拜，他们此生将再也不会相见了。那天，我坐在很狭窄的船舱里，看着落雪一片一片，内心真是空茫无限。

如果你读了小说，人生当中就会有很多想象的空间，读得越多，想象的空间越大，而且它没有边界，上天入地，从古到今，无所不能。

人生有限，但文学是无限的。

小说中的情感最吸引人

任何一部小说作品，最打动人的就是情感。

鲁迅先生有一句话："人类的悲欢并不相通，我只觉得他们吵闹。"很多人都觉得这是至理名言，但是我不同意。

当你听到破船上老妇人的悲苦，或者孩子在母亲怀里的哭泣，共情一定是会有的，只是多少的差别而已。

在小说里，我们看到了很多情感，那种亲情、爱情、友情都是触动人心的。有的时候，我们可能自己写不出来，但是小说家能把它们写出来。

孩子刚开始读的小说，需要父母把关。

一开始，肯定不能让孩子随随便便地读一些不入流的小说，这会对他三观的塑造和审美的提升产生不好的影响。家长在一开始给孩子选小说的时候，一定要选择那些被时间验证过的经典。它们经过了岁月长河的洗礼而依然历久弥新，被那么多人验证过，一定有存在的价值。现在的很多网络小说语言矫揉造作，情节千篇一律，不要让孩子一开始就接触这样的小说。

读小说增强孩子的社会责任感

四大名著是经典中的经典，建议孩子们都读一读。

读到《红楼梦》刘姥姥那一节的时候，我经常跟孩子们说："你们看，刘姥姥第一次进大观园的时候，她是去荣国府讨钱的，一个老人家真的是没办法活下去了，才会去讨钱。"

当一个家庭沦落到要让一个老太太去卑微地、恭顺地撕下所有的自尊心去讨钱的时候，就很悲伤了。

刘姥姥费尽心思，各种波折，被很多人摆谱轻视，最终见到凤姐，周瑞家的给刘姥姥使眼色，让她开口求凤姐的时候，她却说：

> "论理今儿初次见姑奶奶，却不该说，只是大远的奔了你老这里来，也少不的说了。"

话到嘴边，可是怎么讲出口？年长而去哀求年轻，贫穷而去哀求富贵，真是悲哀和屈辱，却又实实在在无可奈何。而就在这个时候，东府的贾蓉来了，凤姐说："不必说了！"

你看，刘姥姥已经忍受了那么多屈辱、悲伤、不堪，凤姐却说"不必说了！"凤姐根本不把刘姥姥当回事。

贾蓉进来后，刘姥姥看到整个屋子里面光耀一片。那么年轻的贾蓉和凤姐，他们穿金戴银、花容月貌，好像是贾府当中最尊贵的人，像太阳跟月亮一样，刘姥姥在旁边那么卑微。此时的刘姥姥站也不是，坐也不是，她就想找个地缝钻进去。

我读到这里的那一刻，真的看到了一个人极度窘迫的样子。我想到了我的奶奶。我在学校摔伤了脸，我见她找人借钱带我去医院打针，那个情景我此生不会忘记。

所以，我们在读小说的时候，其实会对人有更多的同情，有更多的同理心。

我讲课的时候也会跟孩子们讲："在火车站或者公交车上

这样的公共场合，如果一些老人家不会用手机，不会用高科技的东西，他们可能怀着巨大的勇气走过来，想让你教他们怎么操作一个 App 的时候，我希望你们可以有一点点的耐心。因为他们就像我们在故事里看到的刘姥姥以及我奶奶当年一样。"

提前告诉孩子小说是虚构的

有的家长会担心：自己的孩子在读小说的过程中，会不会很容易陷入小说的世界当中，分不清现实和小说？其实，我觉得会有这个情况存在。所以，我们要给孩子们讲清楚什么是小说，什么是历史。我之前在给孩子们讲小说的时候，就跟他们说："小说是虚构的，它跟历史不太一样。"

我就用《三国演义》和《三国志》这两本书来做对比。

比如，在《三国志》中，周瑜是羽扇纶巾的儒将形象，是一个非常杰出的青年将领。周瑜不是被气死的，他是因为战争太过劳累而病死的。可是在《三国演义》中，出于对小说的角色塑造和情节需要，把周瑜描绘成了奸诈的、狡猾的、嫉妒心很强的人。所以，一定要在孩子读小说之前告诉他，小说是虚构的。

当然，如果孩子或者家长朋友能够有一段时间沉浸在小说的世界里，能够与其中的人物或者某几个人物极度共情的话，这其实是一件幸福的事情，因为有的人可能一辈子都没有这样的经历，这个就是阅读当中的一种巅峰体验。

孩子能与他如此共情，为他哭、为他笑，就好像和小说里的人物站在一起，陪着小说中的主人公过完了他的一生。这其实很难得，如果有了这样的事情，家长就让孩子沉浸一会儿，然后再跟他讲这是故事。

我们在小说家的故事当中，看到的其实是我们自己。生活中，我们可能是麻木的，感受不到生活中的精彩，小说家会把这些我们可能会忽视掉的情绪和情感用故事表达出来。他们能把我们普通人觉得平平淡淡的生活提炼出来，并变得戏剧化。

就好像《红楼梦》里面的爱情，它会告诉你，两个小孩子青梅竹马，他们一起长大，他们经常有一些矛盾，经常你刺我一下，我刺你一下，这是生命慢慢生发的过程，也是爱情慢慢生发的过程。正因为有了这个过程，我们才会觉得这个小说好看，才会觉得它触及心灵。

其实，小说比生活还要勇敢一点，我们在生活当中不敢想、不敢做的，小说里面的人物都会展现出来。

再来看《牡丹亭》，杜丽娘梦到了柳梦梅。她没有见过柳梦梅，他们之间也没有发生过任何故事。因为一个梦，她的内心就变得无比惆怅，而后她就死了。不因为什么人，就因为一种想要反抗那个压抑时代的情绪，杜丽娘这一点让我大受震撼。

小说家就是会把我们在生活当中可能忽视的事件放到故事中，把细节放大，让我们感受到原来自己也这样生活过，这种感觉特别好。

甜甜老师送给家长朋友们一句话

读小说是让我们发现生命多样性的一种方式。

如何选到一本适合孩子读的小说

有的人说读小说没有意义，是在浪费时间。其实，我们生命当中很多最好的时光往往是浪费掉的。有时候，这种浪费本身就是美好的体验。

有一首诗叫《我想和你虚度时光》（李元胜创作），特别美，讲的就是浪费时间。

> 我想和你虚度时光，比如低头看鱼
> 比如把茶杯留在桌子上，离开
> 浪费它们好看的阴影
>
> 我还想连落日一起浪费，比如散步
> 一直消磨到星光满天
> 我还要浪费风起的时候
> 坐在走廊发呆，直到你眼中乌云
> 全部被吹到窗外

我已经虚度了世界，它经过我

疲倦，又像从未被爱过

但是明天我还要这样，虚度

满目的花草，生活应该像它们一样美好

一样无意义，像被虚度的电影

那些绝望的爱和赴死

为我们带来短暂的沉默

我想和你互相浪费

一起虚度短的沉默，长的无意义

一起消磨精致而苍老的宇宙

比如靠在栏杆上，低头看水的镜子

直到所有被虚度的事物

在我们身后，长出薄薄的翅膀

你不妨仔细想想，其实生命中很多美好的回忆都是在浪费时间。

在虚构中找到真实

在生活当中，你觉得很忙碌的、曾经觉得很有价值的，为功名利禄、为考试成绩追寻的那段时光，有的时候它反而是被浪费掉了。

但有的时候你会觉得浪费时光，可能躺在草地上看天上流云，在风中的藤椅上享受一盘盐水花生，反而是你生命当中特别悠远的时刻，所以浪费不浪费不能从功利的角度去看。

其实不只是读小说，阅读本身的好处就在于在虚构当中找到真实。"真实"指的并不是现实当中的真实，而是生命状态中能触及的阅读的巅峰体验。阅读之后，你会感觉作为一个人好幸福，真实真好。

而小说的价值就是让我们发现自己、找到自己，让我们在小说里敢想敢做，让我们体会到千万种可能不同的人生。

小说也分好坏

小说是文章，文章就会有好与坏，像立意、语言、架构都是评判小说的标准。

就好像同样写一个家族的盛衰，《红楼梦》为什么是经典？同样类型的一些小说为什么不能够流传下来呢？

1. 主旨立意深刻

《红楼梦》在开篇就已经写了为什么要写这部小说，曹雪芹可能想："我浑浑噩噩了一辈子，什么也没干成。但是我生命当中出现过很多优美的女孩子，她们很有才华，她们很美好，可惜没有人知道她们。所以，我会用我余下的生命时光为她们做一个传记。"

整个故事的开篇，曹雪芹写了几个字——"为闺阁立传"。这是曹雪芹想写这本书的初心，他写的是一些美好生命从生发到消亡的过程。其实整个家族的盛衰也好，一个时代的落幕也好，在曹雪芹的书里都写了，他是以人为核心去写一个时代。

2. 结构完整高超

《红楼梦》把梦境跟真实"揉"在一起，很多人看的时候觉得如梦似幻，作者在刻意营造神秘的氛围。

小说里还写了一个时代，曹雪芹是通过一个家族的盛衰来写的。大观园中做菊花宴时，是整个封建时代的家族最繁盛的时候，是一个人的生命状态最繁盛的时候，然后慢慢地往下落，变得衰败。

以一个家族的盛衰来描写一个时代，以一个人的命运来展示整个家族，这就是它的宏大结构。我们说曹雪芹的作品草蛇灰线、伏脉千里，这是普通小说家做不到的。

3. 语言别致个性

《红楼梦》中的语言很好，好的小说有很多细节，寥寥数笔就能把内容写得极好，这是一种功力。

写人物的时候，比如林黛玉进贾府，宝玉眼中黛玉的"形容"是这样的：

> 两弯似蹙非蹙罥烟眉，一双似泣非泣含露目。态生两靥之愁，娇袭一身之病。泪光点点，娇喘微微。闲静时如姣花照水，行动处似弱柳扶风。心较比干多一窍，病如西子胜三分。

简简单单几句话，就把一个病西施的形象写出来了。

写语言交流，比如宝玉跟黛玉吵架。有一次黛玉给宝玉做了一个穗子，宝玉每天都贴身带着。有一天，宝玉去找黛玉，黛玉正在给他做第二个，黛玉发现穗子不见了，就问："我之前送你的东西呢？"

黛玉以为宝玉把那个穗子送给别人了，还没等他回答，就开始赌气，剪她手里的穗子。意思就是"我亲手给你做的东西，你怎么可以给别人呢？"等黛玉把穗子都剪完，宝玉才把藏在胸口的穗子拿出来。黛玉看到了，很不好意思，立刻转过脸去。

这样的语言、这样的细节很动人，把两个人之间那种纠缠、那种针锋相对的情绪慢慢浓烈起来的过程呈现得极好。

写场景，比如刘姥姥讲笑话，史湘云撑不住一口饭喷了出来。一个"喷"字就把一个女孩子豪爽、大胆和不拘小节写出来了；林妹妹笑岔了气，扶住桌子，扶住桌子这个小动作就把黛玉的弱柳扶风写出来了；宝玉滚到了贾母的怀里，这个"滚"字就比"靠""偎""倚"更有动态感，能够看出祖孙之间那种亲情互动，以及宝玉的可爱调皮和那种男孩子的习气；薛姨妈一口茶喷在探春的裙子上，这个句子平淡无奇，可是在这句话的前面写了薛姨妈是吃过饭来的，所以她要喷的只能是茶。

我经常跟孩子们讲，前后呼应是一个小说家的顶级技巧。一部好的作品，一部好的文学作品，一定是细节直击人心。轻轻浅浅的几句话，就能把一个完整的故事很圆融地告诉读者，这就是语言的魅力。

4. 素材丰富具体

为什么有的人写文章只能写 20 字，而有的人写文章写得好，能够写 800 字、1000 字、5000 字，是因为他见识过很多东西。曹雪芹为什么能够写那么一个大的架构、那么一个大的家族，能够写几百个人，因为他看过的东西多，经历的事情多，思考的东西多，观察的东西多，素材比别人多、比别人细致，内容比别人丰富，能写出很多细节。

小说好不好看，就看这些内容。好小说一定是有原则、有标准的。

5. 节奏张弛有度

《水浒传》里有一回"林教头风雪山神庙"，写的是林冲怎样在大雪压塌了他的草厅之后，到山神庙里度过了一个很孤独的夜晚。

他生起一个火堆，用破被子盖住下半身，拿出一包冷牛肉和一壶冷酒来吃。他经过很多波折之后，内心获得短暂的平静，同时伴随一些悲凉、一些孤独。一个英雄的复杂心境被作者写得极为动人。

在一个满是硬汉、刀光剑影的小说里，居然还能有这么悠远、舒缓的节奏，我觉得好厉害。它经过很多设计，把林冲从逆来顺受的老实人变成奋起反抗的英雄，通过情节的跌宕起伏设计之后，变成最后我们看到的林冲的样子。

中国的古典小说有张有弛、有起有落，节奏设计得很好，这是很多现当代小说没有的。

怎么选小说

看作者。古今中外公认的大作家的作品优先考虑。

看评价。有一些新锐小说，比如《哈利·波特》，全世界轰动，全世界好评。

多逛逛书店，翻翻内容，看看语言。这是第一眼就能看出来的。

有一些小说的书名本身起得就很好，比如马伯庸的小说书名都很好，架构也很好。像《长安十二时辰》，讲了在 12 个时辰（24 小时）之内的悬疑故事，扣人心弦，惊心动魄，很有意思。

读小说就要读经典

国内的经典小说（比如四大名著）一定要看。现当代作家鲁迅、张爱玲、沈从文、汪曾祺的小说，都是值得反复去看的，其架构、语言、设计感都是很好的。

拿我自己选小说来举例。

首先，我要看语言对不对我的胃口，文章写得有没有文采。 我始终觉得，中国的文字是足够好和足够美的。如果作家连最基本地发挥本国文字美都做不到的话，那这个作家的水平就有问题。

中国经过几千年的文明发展，我们的语言已经到了可以用得炉火纯青的地步，我们可能不会要求作家有唐诗宋词那么高的水平，但是至少要能够让我感受到语言的美感。如果连这个都没有，我是不会看的。

其次，就是小说的内容能不能触动我最原初的价值点。 比如沈从文的《边城》，我非常喜欢。真正的好小说就那几个主题，其中"爱"是永恒的主题。

一部小说里写情感，就是家人、朋友、社会之间的关系，情感的流动永远是最能击中人心的。很多时候，虽然现当代小说家是在创造，但最后还是要回归最原初的点。

比如，林海音最好的小说还是《城南旧事》，余华最好的作品依旧是《活着》。《活着》关注的是什么？是苦难，是对生命的思考，对于真善美、对于爱的追求和渴望。这永远是好小说的主题。

中外小说都是这样。雨果的《悲惨世界》关注的是底层的苦难。福楼拜的《包法利夫人》讲的是人性和爱情。在人生当中，一些主题是永恒的，只是作家讲的故事和方式不同而已。

塑造孩子的价值观

中国的经典小说会涉及一些朴素的、大的价值观，会让孩子知道到底什么是英雄，什么是忠孝，什么是仁义。

就好像《三国演义》，第 103 回《上方谷司马受困 五丈原诸葛禳星》，诸葛亮死的时候就很感人，他真的一生都在践行"士为知己者死"。诸葛亮为刘备鞠躬尽瘁，死而后已，他做的一切都是为了回报当年刘备三顾茅庐的知遇之恩。

这就是中国小说，基本上都很浪漫。我们的小说是在宣扬一种理想的人格，一种理想的社会价值观，一种理想的生命状态。我们为一个人不惜牺牲生命地去保护他，为这个理想不惜牺牲一切地去完成它。这是很多国外小说做不到的，所以我觉得中国的小说很能让我们感受到生命本身的高贵所在。

激发孩子读经典的兴趣

经典小说的阅读也是有门槛的。可能刚开始读的时候，孩子会读不懂，理解起来有困难，可以先从青少版、变体读起。比如有一些现代的改编和创造，一些片段，都是可以的。

当然，如果有一个老师可以带孩子把经典小说当中的经典篇章拿出来读一读，一个字一个字地去讲，也是可以的。

比如，我会给学生讲《三国演义》中的"三顾茅庐""草船借箭"这两个故事。我会一个字一个字地讲，训练他们对语言的敏锐感知能力。

三顾茅庐，刘备为什么明明没见到孔明，却还要去看他住的房子，写了"清景异常"四个字？为什么在见孔明之前，要先见他的那几个朋友？

孩子读经典小说的时候，最好能有一个老师带着他精读这些经典的片段，从一个字出发，去品味语言、架构、思想、言外之意等。

小说的正向引导

很多家长怕孩子读了小说会影响他的正常发展，其实不会的，这还是家长引导的问题，千万不要把某些问题妖魔化。

很多家长会问我："老师，我们家孩子看《红楼梦》，会不会早恋？"

首先，《红楼梦》本身是一部很宏大的书，它有很多主题，爱情只是它一个很小的分支。它更多讲的是什么？是一个家族的日常生活，你会看到很多其他的东西，如友情、亲情等。纯粹地把它当成一部爱情小说，是把它想小了。而且爱情是一种很美好的情感，没有必要把它想得那么可怕。家长只要把孩子往正确的方向引导，他同样能感受到这是人类非常珍贵和美好的一种情感。

我也会给我的学生讲爱情诗，比如乐府民歌《上邪》、李商隐的《夜雨寄北》、李白的《长干行》等。因为我会让孩子知道，爸爸妈妈就是因为相爱才在一起，他们才会有孩子，孩子就是他们爱情的结晶。爱情不是洪水猛兽，它是纯真的、美好的情感。两个人没有任何血缘的连接，居然能够走到一起，互相尊重、互相爱护、互相托举对方的生命，这多好！

不论是中国的文学还是外国的文学，很多写爱情，写爱情的美好，写爱情的生发和消亡，这是避不开的。家长如果觉得爱情是洪水猛兽，最好的治理办法其实是疏通而非堵塞。

我希望，孩子们一定要觉得爱情是一种美好的情感，但是也得让孩子们知道，不同的人生阶段可能会发生不同的故事。

还有家长问："我曾经看过《水浒传》，觉得有些暴力。我家孩子看了《水浒传》，会不会变得暴力？"我说："大可不必担心，你曾经也看了，也没变得暴力啊。"

有时候，我觉得家长太过紧张了，也容易想得太多。

甜甜老师送给家长朋友们一句话

读小说，本质上是一件很好玩的事情，放轻松一点。

超实用的技巧，让孩子学会写作

有些家长会担心自己的孩子因为写小说而耽误学习。但是我觉得，如果孩子愿意主动写小说，家长应该先去庆祝一下。

要知道，现在的孩子很多已经不愿意动笔了，还能有写作欲望很难得。在阅读之后还想自己写点东西，这其实是一种表达的欲望。

把写小说和学习结合

如果家长担心孩子因为写小说而耽误学习，可以把它和学习结合起来。

如果孩子的小说写得好，再写记叙文，家长是不用发愁的。而我们在整个语文学习阶段，最基础的文章就是记叙文。记叙文要求的是把一件事情写清楚、写精彩、写出细节。所以，我们可以直接跟孩子讲："妈妈也挺想看你这篇小说的。"

家长读的时候，看看孩子是怎么去塑造人物的，比如外貌描写、动作描写、语言描写、心理描写等。如果孩子能够把一个虚构的人物写得栩栩如生，那么现实当中他见到一个人就更会写了。这是一个很好的写作训练，家长把它稍微调整一下，就会变得跟学习相关。

小的时候，我也会写一写小说，那是受了三毛的启发。

我看过一篇文章，说三毛有很多文章都是她想象出来的。比如那本特别有名的《撒哈拉的故事》，里面的很多事情是没发生过的，是她臆想出来的。但是我看这本书的时候，就觉得她真的在撒哈拉沙漠里面那样生活过，她家里的装饰是用从沉船当中捞出来的铁锚做的，她真的在轮胎上放块布当坐垫。

她的兄弟姐妹说，她跟荷西之间的一些故事也是虚构的。比如，有一年他们一起住在一个小岛上面。在新年的大年夜，他们在烟花的映照下，从栏杆上跳下去，荷西从下面接住她，他们抱在一起，说："但愿人长久。"

后来，我听到这段描述是虚构的时候，整个人都震惊了。她能把一个虚构的生活写得那么真实，真实到好像须发都存在。她是一个极厉害的作家。我宁愿相信，她书中所写皆为真实，因为那样美好的爱情和婚姻真的令人神往。

我受她的启发，开始写一些生活当中并没有真实发生的故事。

那个时候，我们上课被老师压制，什么都不能干。于是我幻想出新的校园生活，在一个新的学校里，就好像当年小豆豆在巴学园的生活一样，遇到新的老师、新的同学、新的学长。

当时的生活太压抑了，像被装在一个套子里面一样，我急切地想要逃出去，怎么逃？借助文字逃出去。

写小说锻炼观察力和想象力

锻炼孩子写小说，其实写的是观察到的和想象到的。我希望他们在生活中拥有观察的能力，并在观察世界的基础之上有想象的能力。

小说是源于生活的。我们现在能看到的所有经典作品，基本都是来自作家真实体验过的生活，或者是他真的认真地观察过了生活，才能写出来的。

比如《卖火柴的小女孩》，看起来是安徒生写的童话，其实它更像一篇短篇小说。安徒生写这个童话之前，可能真的看到了丹麦底层人民的生活，于是创作了这篇带着梦幻色彩的小说。

对孩子来说，如果想写出一篇好的小说、一个好的故事，一定要认真地观察自己身边的人和生活的场景，发现众生百态。

孩子在观察的基础之上拥有了想象的能力，就可以从庸常当中逃脱出去。这是孩子应该具备的重要能力。

写故事要注重细节

小说中的细节更容易触动人心。

高中的时候，我看到老师办公桌的角落里有一本名为《金蔷薇》①的书，我本来以为它是小说，打开之后才发现是一本文艺评论的书。它很聪明地把文艺评论"揉"在了小说的形式里。

其中有一篇文章，我非常喜欢，叫《夜行的驿车》，写的

---

① 《金蔷薇》，[苏联] 康·帕乌斯托夫斯基著。出于行文需要，节选的内容综合了多个译本，并做了适度删减。

是安徒生如何创作童话。作者把安徒生创作童话的过程用小说的形式写出来，并用极其优美的语言和极其细腻的场景去描绘，我觉得太好了。

比如：

> 安徒生写童话的时候看见一个小孩去买东西，就在窗户里看他。小孩拿着钱，走过了桥墩子，走过了小桥，小孩从桥上往鸭蛋壳吐口水，他想用口水把那个鸭蛋壳压沉，后来蛋壳沉了下去，小孩就继续往前走。

当时，我读到这里，就觉得作者好像真实地看到过安徒生的生活，但是这不可能，因为他们之间相隔了几百年。

所以，写故事的时候，一定要极尽细致地想象故事发生的场景，想得越细，写出来的东西越不一样。就像画画一样，粗线条和细线条来对比，一定是细线条的工笔画把事物描绘得更细腻。

孩子也可以在自己读过的好小说的基础上改编和创造。我在上大学的时候，老师最喜欢让我们做的写作训练就是改编同一个故事，不限制我们怎么改编，其实这也是一种二次创作。把写小说玩起来，这其实挺有意思的。

甜甜老师送给家长朋友们一句话

细节是好文章的核心，因为细节当中有强烈而独特的生命体验。

每个孩子都是小小作家

小说有很多类型，有完全虚构、极致想象的，比如《西游记》，同时也有很贴近生活，在生活的基础上进行创作的。

对于小朋友来说，写贴近生活的小说更能锻炼写作能力。

以《红楼梦》第六回为例，来看看生活类型的小说创作有什么可以借鉴的。

这个故事是讲一个乡下老太太进城找一个富贵人家借钱。从主题看，其实很生活，类比到我们的日常生活，只要是两种不同生活状态的人有交集和碰撞，就会有好故事。好的古典小说，最厉害的就是塑造人物，我们看看《红楼梦》是怎么塑造人物的。

比如《红楼梦》原文写道：

于是刘姥姥带他进城，找至宁荣街。

来至荣府大门石狮子前，只见簇簇轿马，刘姥姥便不敢过去，且掸了掸衣服，又教了板儿几句话，然后蹭到角门前。

开篇写刘姥姥见到繁盛之地，车马络绎不绝，她突然开始局促、紧张、小心，一个"不敢"，一个"掸衣服"，一个"蹭"，就全写出来了。蹭是脚不离地，在地上拖，它就比走到门前、跑到门前等精妙许多、贴切许多。

原文又写道：

> 只见几个挺胸叠肚指手画脚的人，坐在大板凳上，说东谈西呢。刘姥姥只得蹭上来问："太爷们纳福。"众人打量了他一会，便问"那里来的？"

"挺胸叠肚指手画脚"，把看门家丁的狗仗人势、趾高气扬全写出来了。刘姥姥"蹭"上来，再一次局促、紧张、小心，尽显卑微之感。这就是小说中动词的精准运用。看门的人上下打量刘姥姥，看不起她。我们继续读：

> 刘姥姥陪笑道："我找太太的陪房周大爷的，烦那位太爷替我请他老出来。"那些人听了，都不瞅睬，半日方说道："你远远的在那墙角下等着，一会子他们家有人就出来的。"

刘姥姥"陪笑"，很卑微地讨好他们，那些人听了都不"瞅睬"，过了很久才说话，说明他们不想搭理刘姥姥。但是刘姥姥很久都没走，就随便讲了他们一会儿就出来的话敷衍她，让她快点离开这里。

> 内中有一老年人说道："不要误他的事，何苦要他。"因向刘姥姥道："那周大爷已往南边去了。他在后一带住着，他娘子却在家。你要找时，从这边绕到后街上后门上去问就是了。"

文中写帮刘姥姥的是一个老年人，为什么是老年人说这些话呢？因为老年人是有同理心的。

> 刘姥姥听了谢过，遂携了板儿，绕到后门上。只见门前歇着些生意担子，也有卖吃的，也有卖玩耍物件的，闹吵吵三二十个小孩子在那里厮闹。
> 刘姥姥便拉住一个道："我问哥儿一声，有个周大娘可在家么？"孩子们道："那个周大娘？我们这里周大娘有三个呢，还有两个周奶奶，不知是那一行当的？"刘姥姥道："是太太的陪房周瑞。"孩子道："这个容易，你跟我来。"说着，跳蹿蹿的引着刘姥姥进了后门，至一院墙边，指与刘姥姥道："这就是他家。"又叫道："周大娘，有个老奶奶来找你呢，我带了来了。"

刘姥姥这次是拉住玩耍的小孩子问，因为这些小朋友善良、不说谎，文中的"跳蹿蹿"写出了孩子的快乐、活泼、可爱，而且讲话的时候也在和周大娘邀功求表扬呢。

　　　　周瑞家的在内听说，忙迎了出来，问："是那位？"刘姥姥忙迎上来问道："好呀，周嫂子！"周瑞家的认了半日，方笑道："刘姥姥，你好呀！你说说，能几年，我就忘了。请家里来坐罢。"

　　刘姥姥"忙迎上来"，写出了刘姥姥生怕怠慢人家，不敢耽误一秒钟的样子。

　　而周瑞家的"认了半日，方笑道"，明明是旧相识，却认了半天，周瑞家的在摆谱：过了几年就不认识你了，因为自己现在是太太的陪房，你是乡下老太太，不认识你，很正常。

　　　　刘姥姥一壁里走着，一壁笑说道："你老是贵人多忘事，那里还记得我们呢。"

　　　　说着，来至房中。周瑞家的命雇的小丫头倒上茶来吃着。周瑞家的又问板儿道："你都长这么大了！"又问些别后闲话。又问刘姥姥："今日还是路过，还是特来的？"

　　"周瑞家的命雇的小丫头倒上茶来吃着"，让丫头来倒茶，再次摆谱，意味着自己和刘姥姥身份不同。

　　"今日还是路过，还是特来的？"明知道刘姥姥特意来的，但是还这么问。

　　　　刘姥姥便说："原是特来瞧瞧嫂子你，二则也请请姑太太的安。若可以领我见一见更好，若不能，便借重嫂子转致意罢了。"

刘姥姥说，"原是特来瞧瞧嫂子你"，这就是客气一下，恭维主人家，因为求人办事。后面她才说"二则也请请姑太太的安。若可以领我见一见更好"，第二个才讲姑太太，表达自己想见她的意思。刘姥姥看到周瑞家的没反应，就讲了后面的话，"若不能，便借重嫂子转致意罢了"。

周瑞家的听了，便已猜着几分来意。只因昔年她丈夫周瑞争买田地一事，其中多得狗儿之力，今见刘姥姥如此而来，心中难却其意；二则也要显弄自己的体面。

周瑞家的心理描写："心中难却其意"，周瑞家的也不好意思拒绝；"二则也要显弄自己的体面"，显摆一下自己的地位。

听如此说，便笑说道："姥姥你放心。大远的诚心诚意来了，岂有个不教你见个真佛去的呢……但只一件，姥姥有所不知，我们这里又不比五年前了。如今太太竟不大管事，都是琏二奶奶管家了。你道这琏二奶奶是谁？就是太太的内侄女，当日大舅老爷的女儿，小名凤哥的。"

文中的"真佛"是刘姥姥想见的王夫人，而周瑞家的让她见的真佛却并非此人，应该见琏二奶奶，也就是王熙凤。

刘姥姥听了，罕问道："原来是他！怪道呢，我当日就说他不错呢。这等说来，我今儿还得见他了。"

刘姥姥其实不知道王熙凤，但还是说了认识她、知道她，这样套套近乎，顺着周瑞家的说话，谁都不得罪。而且，刘姥姥听说凤姐才 20 岁左右的年纪，本事就这么大，也连连赞叹。

周瑞家的听了道："我的姥姥，告诉不得你呢。这位凤姑娘年纪虽小，行事却比世人都大呢。如今出挑的美人一样的模样儿，少说些有一万个心眼子。再要赌口齿，十个会说话的男人也说他不过。回来你见了就信了。就只一件，待下人未免太严些个。"

第六回有两个主角，一个是刘姥姥，一个是王熙凤。王熙凤在第六回没有正面出现，但是通过周瑞家的描述，已经把王熙凤这个人勾勒出来了，这就是侧面描写。通过周瑞家的和刘姥姥的对话，我们已经知道王熙凤是一个年轻、少年老成、有手腕、漂亮、聪明、能说会道、伶牙俐齿的人了。以其他人的眼睛，以其他人的嘴巴来讲这个人，不正面描写，从侧面烘托。

"就只一件，待下人未免太严些个。"这句话从下人的角度来看是严苛，但是我们也能看出来王熙凤治家有方。等真的要去见凤姐的时候，刘姥姥又是什么样的呢？

上了正房台矶，小丫头打起猩红毡帘，才入堂屋，

> 只闻一阵香扑了脸来，竟不辨是何气味，身子如在云端里一般。满屋中之物都耀眼争光的，使人头悬目眩。刘姥姥此时惟点头咂嘴念佛而已。

刘姥姥"只闻一阵香扑了脸来"，这句中的"扑"表现浓郁的香味，而"耀眼争光"写出了陈设摆件的华贵，都是金、玉这样发光的值钱物件。

而刘姥姥的反应"惟点头咂嘴念佛而已"，她一边点头一边讲阿弥陀佛，表示她这一辈子能来这儿也算是值了，皇宫也不过如此。

> 于是来至东边这间屋内，乃是贾琏的女儿大姐儿睡觉之所。平儿站在炕沿边，打量了刘姥姥两眼，只得问个好让坐。刘姥姥见平儿遍身绫罗，插金带银，花容玉貌的，便当是凤姐儿了。才要称姑奶奶，忽见周瑞家的称他是平姑娘，又见平儿赶着周瑞家的称周大娘，方知不过是个有些体面的丫头了。

刘姥姥见平儿"遍身绫罗，插金带银，花容玉貌的，便当是凤姐儿了"。她没见过穿着如此华丽的丫鬟，就把她错认成了王熙凤。这也是一个侧面描写，王熙凤的丫头都穿着如此华贵，可见王熙凤本人会比她穿着更好。

> 刘姥姥只听见咯当咯当的响声，大有似乎打箩柜筛面的一般，不免东瞧西望的。忽见堂屋中柱子上挂着一

个匣子，底下又坠着一个秤砣般一物，却不住的乱幌。刘姥姥心中想着："这是什么爱物儿？有甚用呢？"正呆时，只听得当的一声，又若金钟铜磬一般，不防倒唬的一展眼。接着又是一连八九下。

刘姥姥以为这个声音是在"打箩柜筛面"，其实是个"秤砣"，但真的是秤砣吗？那是西洋钟在响，曹雪芹就是这样以农村老太太的认知把这个钟写出来了。

方欲问时，只见小丫头子们齐乱跑，说："奶奶下来了。"周瑞家的与平儿忙起身，命刘姥姥"只管等着，是时候我们来请你"。说着，都迎出去了。

"齐乱跑""忙起身""迎出去了"，凤姐的威严在这里就体现出来了，她一出现就让所有人都紧张起来，刘姥姥也是如此。

刘姥姥屏声侧耳默候。只听远远有人笑声，有一二十妇人，衣裙窸窣，渐入堂屋，往那边屋内去了。又见两三个妇人，都捧着大漆捧盒，进这边来等候。

"屏声侧耳默候"，刘姥姥不敢出声了，甚至把气息都收进去了，静静地听着外面的动静。

听得那边说了声"摆饭"，渐渐的人才散出，只有伺候端菜的几个人。半日鸦雀不闻之后，忽见二人抬了一张炕桌来，放在这边炕上，桌上碗盘森列，仍是满满的鱼肉在内，不过略动了几样。板儿一见了，便吵着要肉吃，刘姥姥一巴掌打了他去。

"桌上碗盘森列，仍是满满的鱼肉在内，不过略动了几样。"桌子上的碗盘有很多，鱼肉都没动过，端进去的饭又几乎原封不动地端出来，可见凤姐早就吃腻了这些菜。板儿见了就吵着要吃，因为他没吃过啊！这是两个阶级之间的对比。曹雪芹没有特意写贾家多富贵，刘姥姥家有多吃不起饭。但是通过刘姥姥打板儿这一细节，显示了两个阶级的财力悬殊。

忽见周瑞家的笑嘻嘻走过来，招手儿叫他。刘姥姥会意，于是带了板儿下炕，至堂屋中，周瑞家的又和他唧咕了一会，方过这边屋里来。

只见门外鳌铜钩上悬着大红撒花软帘，南窗下是炕，炕上大红毡条，靠东边板壁立着一个锁子锦靠背与一个引枕，铺着金心绿闪缎大坐褥，旁边有雕漆痰盒。

这里是环境描写，"大红""锁子锦""金心绿闪缎""雕漆痰盒"，就直接把王熙凤的生活环境描写出来了，也反映了人物性格，她是富贵、张扬的人。

那凤姐儿家常带着秋板貂鼠昭君套，围着攒珠勒子，穿着桃红撒花袄，石青刻丝灰鼠披风，大红洋绉银鼠皮裙，粉光脂艳，端端正正坐在那里，手内拿着小铜火箸儿拨手炉内的灰。

"家常"二字，更体现出她的富贵。而"手内拿着小铜火箸儿拨手炉内的灰"，这么精致富贵的化着全妆的人，她在拨灰。

平儿站在炕沿边，捧着小小的一个填漆茶盘，盘内一个小盖钟。凤姐也不接茶，也不抬头，只管拨手炉内的灰，慢慢的问道："怎么还不请进来？"

旁边站着两个人，她是感觉不到吗？为什么要这样问呢？"怎么还不请进来？"她是在端架子、摆谱、不搭理这个贫苦的老太太，她在居高临下地看刘姥姥。

一面说，一面抬身要茶时，只见周瑞家的已带了两个人在地下站着呢。这才忙欲起身犹未起身时，满面春风的问好，又嗔着周瑞家的怎么不早说。刘姥姥在地下已是拜了数拜，问姑奶奶安。

凤姐这一段很忙，假装起来，但是没有真的站起来，她也不是真的很热情地欢迎刘姥姥，但是大家的礼数在这儿，还是要做做样子的。

而刘姥姥"已是拜了数拜"，刘姥姥已经拜了很多次了，但是凤姐没理她，这个时候刘姥姥也是很煎熬的，因为等待比确定的结果更难受。

凤姐忙说："周姐姐，快搀起来，别拜罢，请坐。我年轻，不大认得，可也不知是什么辈数，不敢称呼。"

周瑞家的忙回道："这就是我才回的那姥姥了。"凤姐点头。刘姥姥已在炕沿上坐了。板儿便躲在背后，百般的哄他出来作揖，他死也不肯。

刘姥姥刚刚被王熙凤这么一吓，已经悄悄地坐在炕沿上，没准她裤子里的腿都在抖。而且现在板儿也不敢讲话，更别提作揖了。

对比一下，两个人看见平儿的时候完全不是这个样子的，这是侧面描写，烘托出了凤姐的威严。

凤姐儿笑道："亲戚们不大走动，都疏远了。知道的呢，说你们弃厌我们，不肯常来；不知道的那起小人，还只当我们眼里没人似的。"

凤姐不是真的把他们当亲戚，她只是虚伪地讲完这些话。

刘姥姥忙念佛道："我们家道艰难，走不起，来了这里，没的给姑奶奶打嘴，就是管家爷们看着也不像。"

刘姥姥讲话的意思是，我们是实在走投无路了才来的。

凤姐儿笑道："这话没的叫人恶心。不过借赖着祖父虚名，作了穷官儿，谁家有什么，不过是个旧日的空架子。俗语说，'朝廷还有三门子穷亲戚'呢，何况你我。"

凤姐看见刘姥姥如此的诚恳、卑微，她开始有同情心了，有了那么一点恻隐之心。

　　说着，又问周瑞家的回了太太了没有。周瑞家的道："如今等奶奶的示下。"凤姐道："你去瞧瞧，要是有人有事就罢，得闲儿呢就回，看怎么说。"周瑞家的答应着去了。

　　这里凤姐叫人抓些果子与板儿吃，刚问些闲话时，就有家下许多媳妇管事的来回话。平儿回了，凤姐道："我这里陪客呢，晚上再来回。若有很要紧的，你就带进来现办。"

凤姐给板儿吃了果子，"我这里陪客呢！"刘姥姥感觉到自己终于被当成人看了，终于放下心来。

　　只见周瑞家的回来，向凤姐道："太太说了，今日不得闲，二奶奶陪着便是一样。多谢费心想着。白来逛逛呢便罢；若有甚说的，只管告诉二奶奶，都是一样。"

"只管告诉二奶奶"，周瑞家的这么说，一来是跟凤姐汇报，二来是催刘姥姥赶快把事情说了。

刘姥姥道："也没甚说的，不过是来瞧瞧姑太太，姑奶奶，也是亲戚们的情分。"

刘姥姥经历了那么多白眼和屈辱，现在让她说了，这又不敢说讨钱的事情了。

周瑞家的道："没甚说的便罢；若有话，只管回二奶奶，是和太太一样的。"一面说，一面递眼色与刘姥姥。刘姥姥会意，未语先飞红的脸，欲待不说，今日又所为何来？

周瑞家的一面说，一面递眼色给刘姥姥，意思是你今天是见不到太太了，和二奶奶说是一样的；递眼色是让她快点说，别白受那么多白眼，不然白来了。

只得忍耻说道："论理今儿初次见姑奶奶，却不该说，只是大远的奔了你老这里来，也少不的说了。"

从"忍耻"能看出来刘姥姥是要鼓起勇气才说的，而且讲话还语无伦次了。

刚说到这里，只听二门上小厮们回说："东府里的小大爷进来了。"凤姐忙止刘姥姥："不必说了。"一面便问："你蓉大爷在那里呢？"

王熙凤说"不必说了"，是王熙凤不把刘姥姥当回事，刚刚说的"陪客"，在贾蓉来了之后，她就变得无关紧要了。新来的这个蓉大爷才是凤姐真正的客。

　　只听一路靴子脚响，进来了一个十七八岁的少年，面目清秀，身材俊俏，轻裘宝带，美服华冠。刘姥姥此时坐不是，立不是，藏没处藏。凤姐笑道："你只管坐着，这是我侄儿。"刘姥姥方扭扭捏捏在炕沿上坐了。

形容贾蓉"靴子脚响"，十七八岁的少年走路快，穿着依然华丽，看着这么年轻的、熠熠生辉的两个生命在屋子里，而刘姥姥要反过来跟他们要钱，她自卑、尴尬到了极点，难免坐立不安。但是王熙凤一说"你只管坐着，这是我侄儿"，就像是给了刘姥姥一个赦免令一样。这样对比下来，刘姥姥反而更扭捏了，只得侧身坐在这个炕沿上。

　　这第六回中的两个重要人物分析完了，分析这一回用了这么多篇幅，讲得这么细。所以，我经常跟大家讲，孩子写文章不要粗制滥造，不要求多，数量没有意义，让他就把一篇文章写好，好好地调一下文章的开头和结尾。

　　写好一篇比写一百篇、一千篇都要有用。

甜甜老师的推荐书单

- 《海蒂》
- 《芒果街上的小屋》
- 《水浒传》
- 《三国演义》
- 《西游记》
- 《红楼梦》

- 《绿山墙的安妮》
- 《小王子》
- 《小公主》
- 《窗边的小豆豆》
- 《爱的教育》
- 《城南旧事》

从阅读中来，
到生活中去

能用上的知识才是好知识

很多家长希望孩子阅读，本质上是唯分数论。可是，孩子的人生并不是只到大学毕业就结束了。因此，家长的目光要放得长远一点，也许当下还看不到阅读中得到的知识有什么用，但是以后可能会用到。

无用之用是为大用

有人说很多知识是无用之用。什么叫无用之用？

比如，在小学阶段，有一个考点是：李白是什么诗人？孩子只要把"浪漫主义"这四个字写出来，就可以得满分。

但我除了告诉他们李白是浪漫主义诗人之外，还会告诉他们，之所以有浪漫主义，是因为诗人的心中有一个理想的世界，这是他用一生去热烈追求的理想。

我要给他们讲，李白跟唐朝有怎样的依存关系，为什么《将进酒》是李白的代表作。这些知识的用处可能现在看不到，但它们对孩子以后理解诗人、文本和诗人所处的时代都是极有帮助的，它们可能对孩子未来的学习产生很多影响。

等孩子们到了高年级，老师说汤显祖是浪漫主义剧作家的时候，我教过的孩子会想到李白是一个心中有理想世界的浪漫主义诗人。他们不需要老师讲什么是浪漫主义，就已经对此有了认知。

再比如，孩子们学解析几何，很重要的目的是做好高考最后一道题，这是当下会立刻看到的结果，但是慢慢就会发现，解析几何其实可以锻炼孩子们的思维。也就是说，当下能看见的提升是认知层面上的，当下无法看见的是能力层面上的。

知识都是有用的，只是看它在什么阶段会显现出来。真正的知识能提升孩子们的能力，而非普通的认知。

阅读与写作不分家

语文试卷中，分数占比最大的板块是阅读理解和写作，阅读理解又分为现代文阅读理解和文言文阅读理解，文言文阅读理解又分为古诗词阅读理解和文言文短文阅读理解。

阅读理解的核心则在于孩子是否能读懂文章。他知道这篇文章的架构、思想感情和某句话的言外之意，就已经足够了。阅读理解就考孩子这些。因此，给孩子一篇文章，如果他能说出文章好在哪里，他的阅读理解基本不会太差。

阅读与写作不分家，孩子读书时如果能看出文章好在哪里、差在哪里，就能把阅读中学到的知识学以致用，写作的时候（包括在文章的架构和文采方面）会有所体现。

我认为，阅读能力是学习力中最基本的一个能力，而不仅限于文科。就好像有些理科题目，题干就是要创设情景的，如果孩子读不懂题干的意思，他就没办法解答这道题了。

那么，应该如何通过阅读指导孩子提高语文成绩呢？

用阅读锻炼孩子的专注力

我带学生读《少年读史·小史记》时，每次只让他们读半个小时，但这段时间一定要保持专注，不能被任何事情干扰。他们能坚持的时间越久，专注力就越强。

但是，很多家长的做法却是在破坏孩子的专注力。

比如，孩子明明在认认真真地读书，爸爸妈妈走进房间给孩子送牛奶、送草莓，看似是关心孩子，其实是打扰孩子。

因此，家长千万不要这样做。一定要让孩子专注在读书这件事情上，让他拿支笔慢慢地看到文字里面去。

用阅读锻炼孩子的跳读能力

要锻炼跳读能力，可以给孩子一篇文章，让他用最快的速度总结出文章的中心思想。要让孩子知道，文章不需要从头到尾读完，其中的一些内容只是为了着重强调，讲到的一些信息没有那么重要，是可以忽略、可以跳过的。

在日常教学中，我会教孩子们一些跳过内容的方法。

比如，我们读《西游记》当中的孙悟空三调芭蕉扇，里面有一些打斗的描写、一些铁扇公主服饰的描写，这些都可以跳过不读。

用阅读锻炼孩子的精读能力

除了跳读能力，精读能力是阅读能力的另一个重要组成部分。

精读能力是孩子遇到重点的篇章或者片段需要赏析的时候，他有能力赏析这个部分好在哪里。

比如，我们读《少年读史·小史记》中"赵武灵王"的时候，有一句话是"时间像看不见翅膀的风"，里面隐含着一个双重叠加在一起的精妙比喻，意思是时间像鸟，鸟像风。

这个句子太漂亮了，是一定要去分析、去琢磨，最后要去运用的。精读之后，一定是活学活用。我会要求孩子们把这个句子用到自己的文章和表达当中去。把句子吃透之后变成自己的养料和养分，用到自己的创作中去，这才是精读给孩子们带来的好处。

用阅读锻炼孩子的思考能力

除了阅读能力，思考能力也是阅读带来的另外一种重要能力。

比如，我在给孩子们讲李清照的《如梦令·昨夜雨疏风骤》时，有一句是"试问卷帘人，却道海棠依旧"。我会问他们，通过"试问"这个词能看出什么？一个女孩子明明躺在床上，她听到外面的风声、雨声，为什么就能知道外面的海棠花已经落了？更奇怪的是，她知道花落了，为什么还要问一句海棠花怎么样了？她想听到什么样的答案呢？她为什么要试探着问呢？

答案是，这个试探着问其实有一种小心翼翼的感受在里面。一个女孩子有着那么敏锐、细腻的情思，她不忍心看花落了，又想着或许花落得没有那么厉害，这是一种单纯的惜花之情。

这就是我在引导大家看到一段文字的时候，思考它背后的情绪跟情感的方法。

阅读让孩子的生活更有趣

我一直觉得阅读积累下来的知识可以让孩子的生活变得更加好玩。

平时，朋友聊天时就算是聊八卦，也会有聊尽的时候。但是，如果有一天，我们突然聊到一个历史人物，每个人都说出自己的思考，这会是另外一种生命体验，这会很有意思。

比如，夏天来了，我们走在路上，看到槐树上那种叫"吊死鬼"的虫子身上结的丝，在夕阳的照射下透过来的光彩，就会想到汤显祖《牡丹亭》里写的杜丽娘看见春天外面的景色时脱口吟出"袅晴丝"。

读过"袅晴丝"之后，再去看生命中的一些事物，就能更好地体会自然界当中那种很细微的美。

孩子读了很多历史知识，可能会对韩信、苏东坡这样的人有所了解，他们会从这些人物身上获取很多的力量。这些历史人物能教会孩子，在生活当中遇到类似的场景时应该怎样处理。这就是阅读能带给孩子的乐趣，可以让他们看到原来阅读能在生活中有所运用。

甜甜老师送给家长朋友们一句话

学习最重要的是能力提升，而非简单的认知叠加。因为认知只会让孩子产生学习的意识，而能力则能把阅读到的知识变成自身"肌肉"的一部分。

阅读理解的小妙招，让文字活起来

我见过很多为孩子着急的家长，他们总是问我："这么简单的文章，为什么我的孩子读不懂？"

我觉得家长回想一下自己小时候就应该明白，要多理解孩子，而不是苛求自己的孩子。

阅读理解能力需要持续培养

一个人的理解能力有一小部分和天赋相关。

拿我自己来说，我小学二三年级的时候看《红楼梦》，只觉得它的语言很美，但不知道它到底在讲什么。那个时候，也许我说不出来语言美在哪里，但就是觉得它好。

除了和天赋相关，阅读能力还和孩子的年龄及阅历相关。

比如，给孩子们讲"韩信受胯下之辱"的时候，他们的第一印象只会觉得他懦弱，家长就觉得孩子的理解有问题。其实，家长应该理解孩子，他们只是小朋友，生命才刚刚开始，才刚开始学习这个世界。

大人和孩子眼里是两个不同的世界。

比如，在小朋友的视角里，很多时候只能看到很多大人的腿，他是需要家长托举起来的，到了和大人一样高度的时候，他才能看到其他的风景。

家长觉得文章简单，是因为多了那几十年的阅历，人人都是这么过来的。所以，家长不要太焦虑，有些能力是需要时间去孵化的。有的时候，孩子也需要老师带。如果我不给孩子讲《红楼梦》中的一些经典章节，带着他们分析环境描写的作用、分析人物描写的方法，他们是不会理解的。

理解能力和读书量有关系

只有不断经历，孩子的能力才能不断提高。在每一个行业，都需要这种时间的积累。

有一次，我去逛潘家园的古董小店，聊天的时候老板告诉我："我们古董行业入行，有的师傅会让他的徒弟天天去摸那种品质很好的玉，到最后，徒弟就会对好玉有手感。"

有了这种手感，他碰到一个品质不好的玉，一下就能摸得出来。

孩子阅读也是一样，随着阅读量的增加，他对好文字的敏锐度就会提高。他持续不断地读这样的作品，再加上老师给他稍微点拨一下，他的理解能力就会提升很快。

比如，我给孩子们讲《石壕吏》，告诉他们这首诗讲的是对苦难百姓的关注。有了对百姓遭受苦难的同情和悲悯之后，他们再读到《卖炭翁》《卖火柴的小女孩》这些同类型的作品，就能够读懂。无论是国内作品还是国外作品，同类作品的内涵都是一样的。孩子只要看到类似的内容，就都能读懂，底层的东西始终没有变。

我建议家长有能力引导孩子的话，就引导他一下。虽然说"书读百遍，其义自见"，但是靠孩子自己理解其实比较困难。家长也可以请老师，让孩子在老师的引导下把一篇经典的文章反复读。

老师带着孩子从头到尾读一本非常好的书，是一个提升孩子阅读能力的好办法。这是我带着孩子们读书之后已经得到验证的方法。用了这种方法之后，我教的很多孩子从之前阅读理解一塌糊涂变成全对的情况屡见不鲜。

另外一个方法，是分析经典文章的经典片段。

比如，我带着孩子们分析《水浒传》中"林教头风雪山神庙"那一回，我是一个字一个字带着孩子们去抠的。对孩子们来说，这是一件极有价值的事。

为什么我愿意做这件事？因为我觉得少即精，慢即快。孩子们没有必要把整套《红楼梦》从头到尾、囫囵吞枣地读完，这样他们读到的只是故事情节。

想让孩子知道人家的文章为什么写得好，到底好在哪里，这其实是需要老师带着孩子一个字一个字去抠的。

我带孩子们分析《红楼梦》的时候，只讲了第三回、第六回、第八回、第四十回，但是我相信在这四节课之后，孩子们在看其他作品的人物描写时，他们就会知道作者是怎么写人物外貌的。我通过这几回告诉他们，看外貌的核心其实是人物的衣着。

比如，《红楼梦》中人物的穿着。

写王熙凤的穿着时，她的衣服全是原色，像红色、蓝色、绿色、金色之类极为浓烈、张扬的颜色，那是因为她的性格特点就是极度的热烈、泼辣。

写宝钗的穿着时，她身上是蜜褐色的棉袄、葱黄的棉裙，这些颜色都是处于中间的混沌状态，因为她的性格特点是含蓄又低调。

除了颜色之外，还可以看衣服的材质。

比如，王熙凤的衣服用的都是极其昂贵、极其繁复的材质，刘姥姥则一定不是。我只需要跟他们讲清楚这几回，他们就可以举一反三，触类旁通。

孩子把经典的片段都读过之后，如果再来一个老师带着他，把一套书从序言开始读下来，让他好好地体会作者这套书是为什么写的，书中的文章是怎么写的，这对孩子的语文成绩是很有帮助的。

构建场景对阅读理解有帮助

我给孩子们讲《鸿门宴》的时候，会把项羽、刘邦这些人坐的位置讲清楚。我会让孩子们去想象："如果你家里来了一个很尊贵的客人，那他是不是应该坐在最尊贵的位子上呢？"

日常生活中，就算再看不上一个人，他到家里做客，多多少少都会对他客气点。

"但是，项羽身为主人，看见刘邦来了，自己却坐在了最尊贵的位子上，又把范增安排在第二尊贵的位子上，让刘邦坐在第三尊贵的位子上，你觉得项羽是什么意思？"

孩子们能想象出那个场景，我就不需要再和他们解释什么了，他们光看座位的位置就能体会项羽对刘邦的态度。项羽打心眼里看不起刘邦。

再比如，我给孩子们讲叙事诗歌《石壕吏》：

> 暮投石壕村，有吏夜捉人。老翁逾墙走，老妇出门看。

"你们想象一下，天色已经很晚了，杜甫躺在石壕村的一个破败昏暗的农家屋子里，这个时候，外面有人'咚咚咚'地拍院子的门，让里面的人把门打开。老妇人和老翁听到了这个声音之后，老翁的第一反应是翻墙逃跑，老妇人看到她的丈夫跑出去之后，才出门去看。

"再想想，如果全家都睡着的时候有人敲你家的门，你爸爸可能会说一句：'谁啊！这么晚了敲什么门！'你可能也会去猫眼里看一眼。但是，这个老翁居然翻墙逃走了，你不觉得他这个动作很奇怪吗？有人敲门，他应该去看一下，但是他居然翻墙逃走，而且老妇人见他逃走之后再出门去看，说明他们很清楚敲门的人是谁。你们想象一下这个场景，就能知道这种事情在这个村庄里经常发生，他们已经习以为常了，才会反应得这么迅速且正确。

"如果是征兵，一般都是白天来，但是这个故事里写的是夜深人静的时候，官差拿着火把来捉人，为什么呢？因为前方战事吃紧，兵力不足，需要晚上紧急征兵，所以急切又频繁，会显得既诡异又合理。"

我教给孩子们构建了一个场景之后，他们更能理解诗歌的意思，也能明白"夜征兵"的意思是什么，看到的是什么。

甜甜老师送给家长朋友们一句话

阅读是很好玩的，家长跟孩子一起玩起来！

快乐阅读，让写作更轻松

阅读跟写作是双向提供养料、双向成就的关系。

阅读和写作相互促进

很多孩子不愿意写作，是觉得自己写不好。想写出一篇好文章，并不是轻而易举的事，大多数人写得都不是很好。

最简单的写作不是注重文采，而是注重记录。多读多写，给生活添彩。

至于如何定义好文章，我眼中的标准有以下四点：

1. 素材丰富。

2. 框架清晰。

3. 语言生动。

4. 立意健康。

除此之外，最核心的是，内容是孩子自己真正想表达的，而不是为了凑字数写出来的。愤怒、快乐、羞耻、悲伤等，都可以在文章里表达出来。可是，孩子还那么小，人生阅历极为有限，没有经历那么多的人生波折，该怎么办？

他们可以通过读书来汲取更多的养分，看看外面的世界，为写作提供丰富的素材积累。写作也会反哺阅读，孩子在写作的时候会不知不觉地用到自己读过的优秀内容。他知道这些内容有价值，在选书时就会选择这些类型的书，他自己对于好作品的品位和审美就都有了。

以写作清晰地记录生活

以前不写日记，如果让我回忆一下 16 岁夏天的某一个清晨我在干什么，我是完全做不到的，想想真是很大的遗憾。

现在，我保持平时写文章的习惯。我做记录，是想让自己在未来有故事可以回忆。

我是留守儿童，跟着爷爷奶奶长到 17 岁去上大学。后来我研究生还没毕业，爷爷去世了。我到现在最大的遗憾就是爷爷活着的时候，我没有找到自己喜欢的人，没有恋爱和结婚，叫他到最后还在牵挂我。2023 年某一天，我梦到了爷爷，也想起了一些少年往事。

于是我写了一篇小日记，叫《爷爷的箱子》。

"王老头，你的大宝贝来看你了……"去年清明，我回老家，在老堂屋给爷爷上香，奶奶轻轻擦拭着爷爷的照片，轻轻地说。

上完香，烧过纸钱，奶奶拉着我坐了下来，有一搭没一搭聊着。我无意间瞥见一个旧箱子，木头做的，古老的铁搭扣，上面全是我小时候乱写乱画的毛笔印子。

"这箱子还留着。"我走过去。

"你的一些玩具，爷爷宝贝一样地攒着，你出去以后老拿出来看，有些年头了。"奶奶跟我一起过来。

我打开箱子，瞬间鼻子酸了。

爷爷珍藏多年的老箱子里全是我的东西。

我小时候的照片：扎着两只牛角辫，板着一张脸，坐在泡沫板上。

"5岁，照相师傅叫你笑，你拼死不笑，爷爷还很高兴，说你有性格。"奶奶说着笑起来。

一只已经生锈的蝴蝶发夹有细细的弹簧、五颜六色的翅膀。

"一年级。那时流行这个，班里就我跟胡思有。"我拿着这个小小的发夹，想起很多很多年前爷爷肾结石去广华开刀，回来的时候专门给我买了一对。那个时候条件很艰难，可我还是有漂亮的蝴蝶发夹，还不止一个。

爷爷，他非常细致地保护一个小孩子爱美的小心思。

"这是什么？"我在箱子的角落里翻出了一个用报纸和布裹起来的东西。

"不知道，里面有张纸，你爷爷之前动不动就拿出来看，他走的前几天还要看，但是那时候不知道放哪里了，我又不认字，他没看到……"奶奶突然哽咽，说不下去了。

我一层一层打开，里面确实就一张纸。

是我 13 岁那年写的一篇作文，大概是写得不差，被老师打印了下来，贴在学校橱窗里，陈列了一学期，后来换了新橱窗就撤下来了。我那时也没注意，想着应该是丢掉了。

结果，它就在爷爷的这个木箱子里。

这文章，爷爷该是看了无数遍。他无数次拿出来，读几遍，折好了，放回去，像在读什么传世名篇。

我想起少女时代偏科，很敏感地觉得自己很差劲。只有爷爷，他盛赞我。

他是相当严肃的人，对人很少笑，眉头总是微微皱着，话少到近乎没有。除了埋头做事，就是静静看一本很老旧的历史书，或者一个人坐在家门口，滴上厚厚的松香拉二胡。

他从不自吹，但不止一次对他的朋友们夸赞我有才华。其实，那些年，一个普普通通的小姑娘哪里称得上有才华。

一个小女孩子考场上的文字稚嫩天真，纸都黄了、脆了，可是爷爷小心翼翼把它包起来，仿佛它是什么天底下的无价的珍宝。

我不知道他是问谁要过来的，是什么时候要过来的，这么多年，它就这么层层裹着报纸和布，躺在这一堆我小时候的物件儿里面。

在很多很多年的岁月里，它被无数次地拿出来，被一双皲裂的手展开，被一双慈爱的眼睛看着。

我的眼泪开始汹涌而出……

又是一年清明。

后来我把这篇文章放在课件里，给我的学生们讲我写的文章和文章背后的故事，课堂上就哭倒一大片。

朴素的情感，真挚的记录，是能打动人的。

孩子真想写再去写

写文章跟说话是一回事，只有当他说的是他特别想说的内容时，才能打动人。

如果能从一个人的文章中看出来他本身是不想写的，他的文字就不可能击中人心，也不会成为好文章、好作文。

很多老师都会要求孩子每天写一篇日记随笔，我看过那些随笔的内容，很多是在凑字数，有时候还会有一些虚假的内容。这就是在浪费孩子的心力，磨灭孩子写作的热情，并不能提高孩子的写作能力。

我曾经也被老师要求写过周记，每个星期写两篇。真写不出来的时候，我就去跟老师讲："有东西可写的时候，我每个星期写三篇，但是如果我实在不知道该怎么写，这个星期就不写了，行不行？"可能因为我当时是语文课代表，老师就勉强同意了。

我真的觉得不能强迫孩子写作，要让他们确实想写的时候再写。如果真的非要写日记，也不必要求孩子写一篇完整的文章，我平时会让我的学生们写一个句子或者一个段落，这就够了。

比如，我要求学生们写日记，只让他们写妈妈的眼睛就行了。

有时候要写的内容太多，肯定是粗制滥造的。我要求他们雕琢出一双眼睛来，这才是有价值的。

对孩子写作的要求，一定是求精不求粗，写一篇就是一篇，千万不要追求数量，让孩子把他写的内容当成作品一样好好地雕琢。

培养孩子的写作习惯

1. 文章有话可写

要做到文章有话可写，需要通过大量的阅读积累素材。

大家耳熟能详的文坛大家像欧阳修、苏轼、辛弃疾等，也会在作品里大量使用自己读过的典故。

比如，辛弃疾写《破阵子·为陈同甫赋壮词以寄之》："八百里分麾下炙，五十弦翻塞外声，沙场秋点兵。"（把酒食分给部下享用，让乐器奏起雄壮的军乐鼓舞士气。这是秋天在战场上阅兵。）"马作的卢飞快，弓如霹雳弦惊。"（战马像的卢马一样跑得飞快，弓箭像惊雷一样震耳离弦。）这里的话都是典故。

苏轼写的《江城子·密州出猎》中的"亲射虎，看孙郎"。这是孙权的典故，苏轼希望他像孙权一样年少有胆识。

"持节云中，何日遣冯唐？"这是冯唐的典故，苏轼以魏尚自喻，什么时候朝廷能像"派冯唐赦魏尚"那样重用自己呢？

汉文帝时，魏尚为云中太守，抵御匈奴有功，只因报功时多报了六个首级而获罪削职。后来，文帝采纳了冯唐的劝谏，派冯唐持符节到云中去赦免了魏尚。

"射天狼"说的是天狼星，用天狼星比喻敌人（辽与西夏），表达了作者想要上阵杀敌、收复失地的想法。

连天赋型的大作家想写出好的作品，都要依托自己强大而又深厚的阅读积累，普通人想写好文章更应该如此。

此外，孩子要多观察身边的人和事，多出去看看世界；如果条件不允许，可以多观察一下日常生活中的人。每个人都是独特的，都有自己的性格、喜欢的配饰、适合的穿衣风格，认真观察之后能看到众生百媚。如果孩子能够看得出这样的区别、这样的细节，他的文章也会活色生香。

2. 文章安排架构合理

好的架构要从孩子们平时读到的经典作品中来。

比如，我给孩子们讲《卖炭翁》："卖炭翁，伐薪烧炭南山中。"有位卖炭的老翁，整年在南山里砍柴烧炭。文章开门见山，把什么人在什么地方做什么事讲得清清楚楚。

孩子写文章也可以这样开篇。

从经典文章中学习怎么写人物，以及故事的开篇、发展、高潮、结局，孩子把在经典作品中看到的好架构用进去，至少作文不会太差。

《孙子兵法》里说"求其上，得其中；求其中，得其下；求其下，必败"，跟粗制滥造的网络小说作者学写作架构和跟曹雪芹学他的写作架构，得出来的文章肯定不一样。

3.文章语言优美有特色

文章的语言其实就是我们常说的"文采"。一个人的文采好不好，一部分是天赋，另一部分就是训练了。还是拿"时间像看不见翅膀的风"举例子，这个句子可以用的场景有很多，也可以把它直接放在文章中用。

除了用好句之外，家长也可以引导孩子对句子进行仿写，因为写作是创造的第一步，不要觉得仿写别人的句子就低人一等。仿写不是照搬，是要带着思考模仿，让孩子有创造性地仿写。

比如，李清照《如梦令·昨夜雨疏风骤》中的"知否，知否？应是绿肥红瘦"。其中，绿肥、红瘦是一种借代的修辞手法。所谓借代，指的是用 A 代替我们本来要说的 B，并且 A 跟 B 之间有着密切的联系。

还有曹操写的《短歌行》："何以解忧？唯有杜康。"其中，"杜康"就是借代，因为杜康是酿酒的人。

孩子们如果能真正地理解"绿""红"是用颜色来指代海棠叶跟海棠花，他们就能把借代用到其他的花、场景上了。

比如，孩子们要写秋天的菊花，可能别人的文章写的是"黄色的菊花开了"，跟李清照学过借代这个修辞手法的孩子，就会写"丰腴而盛大的明黄"，因为李清照用颜色代替花，用"肥""瘦"这种形容人的词来讲海棠叶、海棠花的形态。孩子把"肥"换成"丰腴"，这就把秋天时菊花开得盛大饱满的姿态描述出来了。

这就是带着思考仿写，这样的孩子才是把经典读明白了，把一首词吃透了，让它真正地成为自己写作当中的素材和灵感的来源。孩子这样写出来的文章才会有灵气，这就是文采。

4. 文章有好的思想

对于文章的思想性的追求，这是最高一层的要求，家长不要太着急，这需要让孩子在大量的阅读和思考之后，形成他自己的一套朦胧的思想。

比如，我让孩子们写花椒树。一般的孩子就会写植物的生活习性、颜色等。有一个跟我学了快半年的孩子，却会从另一个角度写，他把花椒树拟人化了。他写的是花椒树像他家乡的农民伯伯一样，那么平凡普通却又那么热烈。我觉得这个小朋友很棒，这种思想的形成是需要时间的。

想让孩子享受读书的乐趣，就不要总是让他自我安慰地去听那些 20 分钟左右的讲书节目。书还是要让孩子自己看，很多的内容要靠他自己探索。

甜甜老师送给家长朋友们一句话

好文章其实是从心里、从生活中长出来的。家长要跟孩子一起去观察、去感受、去阅读、去思考、去想象。

多阅读，孩子才能敢于表达

现在，有些家长一边担心孩子不会表达，一边却在禁锢孩子的语言天赋，不让孩子倾诉自己的想法，或是展现自己的情绪。

我觉得，这是因为很多家长朋友缺乏倾听的耐心。有时候，孩子在跟家长细致地描绘一件事时，家长不太能够等待，不愿意听孩子说话。

父母要托举孩子

我跟我妈有很多年都生疏得不像母女。我们没有话题可聊。因为我每次要跟我妈说点啥，她总是显得心事重重，似乎根本没有在听我说什么。久而久之，我会觉得我想表达的内容我妈根本不想听，我慢慢就不愿意讲了。

其实，后来我发现我的"悲剧"还算好的，甚至有的父母在孩子想表达的时候不遗余力地打击他。父母在孩子面前展现的应该是完全值得信任的角色。但是，更多的时候，父母在孩子面前太像老师了，总是用批判而不是理解的眼光去看孩子。

另外，有些家长朋友对自己的要求也非常苛刻，不允许自己在孩子们面前表现真实的自我。其实大可不必，我觉得父母可以在孩子面前尝试表现真实的自己，或许也能够让孩子看到，原来真实是可以被接受的。

很多时候，大人的真实对孩子的真性情表达很重要。

比如，我小时候看到我妈跟外婆聊天，总是报喜不报忧，后来我也这样，现在想想有些哀伤。

输入决定输出

要多让孩子看那些优秀的文学评论作品，因为它们会让孩子知道什么样的文章是好文章，什么样的语言是好语言，它们到底好在哪儿，应该怎么表达出来。

我们写文章不知道怎么用语言描述得更贴切、更好的时候，文学评论就会有所帮助，提高孩子对于文字的审美和鉴赏能力。

看评论有时会有恍然大悟的感觉，原来这种表达好在这里。下次孩子做文学鉴赏的时候，他就知道怎么说了。

孩子如果能对某一个作品做出评价，他的层级就已经不是这篇文章能不能读懂了。这已经很高阶了。

如果你的孩子愿意跟你讲一下他读的这个文章好不好，优缺点在哪里，家长就不用担心他的阅读和表达了。他在这方面一定是王者，他的思辨能力也有很大的发展。

孩子并非天生内向

我之前有个学生小时候受过伤，脸上有一块颜色很深的疤。因为这块疤，他从小就很自卑，总是戴口罩，很不喜欢和别人说话。在别人眼中，他是个非常内向的人。

后来，我给他讲了李白肆意飞扬的生命状态，讲了李白即使吃闭门羹依然对自己抱着希望，知道自己是有价值的。

我还给他讲了"精卫填海"的故事。炎帝的女儿在东海游玩的时候被淹死了，变成了一只叫"精卫"的鸟。这只鸟是"白喙赤足"，它每天把西山的树枝、石头拿去填东海。东海笑它说："小鸟，你还想填东海？你在做梦吧！你怎么可能填满东海？"小鸟说："我知道，但是我还有孩子，我的孩子还有孩子，我们要终其一生，世世代代去填平东海。"

我就问孩子："你知道这个故事在说什么吗？难道在说一只小鸟奋不顾身地去填海，是它自不量力吗？"

孩子说："我看到了它在反抗。"

我又问："它在反抗什么？"

孩子说："东海！"

我再问："东海代表的是什么？"

孩子说："强权！"

我对他说："对！你要知道，有的时候反抗的过程、生命追求的过程比结果更重要。"

这就像我经常跟家长们说的，孩子们拿到的考试分数只是一个结果，如果过程做得非常完美，孩子真的热爱文学，好成绩就是水到渠成的了。

"精卫填海"这个故事极大地肯定了人的价值、生命的尊严。即使我只是一只小鸟，我的生命也是有价值的，我的生命是有尊严的。

我说，小鸟就好像我们普通人的生命一样，虽然普通，但这一路走来，一定是有价值的。

然后，那个戴口罩的小孩就明白了，原来他的生命也是有尊严的、有价值的，就算自己再普通，也应该爱自己。后来他慢慢地就把口罩摘下来了。

对孩子来说，内向的原因一般有两种：一种是天生性格使然，另一种是后天压抑无法表达造成的。只有找对原因，才能解决问题。

孩子提高提问能力也很重要，因为孩子提问是思考的开始。如果孩子不思考的话，他就不会问问题了。

有一个孩子问我："老师！鲁智深杀了人，为什么最后还能成佛呢？"

这个问题很好，这说明他在思考，他觉得成佛跟杀人这件事情本质上是对立的，我给孩子做了回答。

甜甜老师送给家长朋友们一句话

一定要鼓励孩子思考，鼓励孩子提出他的观点，说错没关系，敢说很重要！

陪孩子一起阅读，共享温暖时光

　　现在很多人已经处于一种不太需要社会连接就能自给自足的生活状态。发达的网络正在减少必须和社会连接的机会，甚至孩子和父母都不再交流了。因为他们觉得没必要，似乎一部手机就能满足所有的娱乐和生活需要。

　　然而，与之相应的是越来越多的人开始感叹自己太孤独了，这其实是历史之必然，是人类发展之必然。

阅读让人克服孤独

　　夜深人静，当所有的喧嚣都将散尽的时候，我们内心那孤独的火苗就会冒出来。这是因为无论在什么时候，无论网络怎么发达、便捷，人类都有群居的属性，还是希望能够和真实的生命产生连接。

　　这就是为什么我们常常会说，异地恋很难长久，再怎么用文字去表达两个人之间的爱意，还是不如见面那一瞬间拥抱来得好。所以，大家很孤独，都是能理解的。

想要克服孤独，阅读很有帮助。我就是一个从小被阅读治愈的孩子。

我曾经是留守儿童，现在快30岁了，和父母一起生活的时间加在一起差不多只有半年，而且这半年的时间里，有一半的时间我们都在争吵。

前文说过，童年的我和爷爷奶奶一起生活。他们有自己的工作，常常把我一个人锁在家里。孤独是我常有的状态。后来，我被寄养在姑姑家，看到表哥有很多一起玩的同伴，我内心的孤独感又变强了。直到我爷爷给我买了几本书，我看了很多别人的故事，发现自己不是特例，这才没有那么强烈的孤独感了。

前几年，我的工作遇到磨难和挫折的时候，阅读一样帮了我的大忙。

多年前我研究生毕业，成为北漂一族，和不认识的一群漂友合租。为了有一个属于自己的阳台，我住在房子的客厅里，墙壁是夹板隔断的，外面人走路说话听得清清楚楚。那时我刚刚毕业，周末回家，在客厅里给自己煮鸡蛋吃，觉得前路渺茫。于是，我把《苏东坡传》拿出来看。苏轼在黄州的那段岁月，有牢狱之灾，亲戚朋友都不在身边，写信都没有人回他。而我，至少还能和父母聊几句。我发现，自己其实也没有那么惨。

在这之后，我每年都看一遍这本书，苏轼在黄州的故事可以治愈我。

感受生命的意义

讲每一个人的故事时，我都会讲生命的价值和意义。

比如，孔子到各国游历时，可谓颠沛流离，甚至狼狈不堪。可是，后人给他这段经历起了一个浪漫的名字，叫"周游列国"。

他游历了那么多国家，却没有一个国君接受他的学说，他的理想并没有实现。周游列国的过程中，他最爱的弟子颜回因为困苦病逝了。但他晚年想起那段时光的时候，还是觉得那段经历是值得的，他追求一生是值得的，没有后悔过。

我意识到，生命的意义就在于追求的过程，结局如何并不重要。在追求理想的过程中，能像焰火一样地照亮生命的夜空，就已经很好了。

我讲庄子，他一生那么痛苦，饭都吃不饱，后来他的妻子都因为吃不饱饿死了，他居然还能够写出《逍遥游》《秋水》那样的文章，真的非常美。

李白也是一直追求理想，追求了几十年，但到最后他还在说自己是只大鹏鸟。他一直在诗歌里歌唱他的理想、生命的价值，歌唱自己"天生我材必有用"，这是很动人的。

我们阅读的时候，读的是一个人的生命价值。

我们为什么喜欢李白、苏东坡、李清照？就是因为我们在他们的身上看到了原来生命是丰富多彩的，有各种各样的形式。每一个生命都有它的价值，他们都是看到自己生命价值的人。

普通人也有自己的价值，跌宕起伏的人生也有它的价值，就好像我们说历史其实是由平民百姓组成的。

陪孩子阅读也可治愈家长

很多家长当初读书的时候，其实是以功利为主的。我们真正可以做到不功利地阅读是在什么时候？可能还是我们儿时偷偷摸摸读金庸小说的时候。

后来，我们长大了，生活的琐碎事情每天都压在我们身上，就更没有时间和精力去阅读。阅读好像变成了生活当中很奢侈的部分，而且变得很虚无。然而，一旦有了孩子，读书就会变成一种迫不得已的行动。与其如此，何不把被迫变成一种机会？

在没有任何考分压力的情况下，家长要多陪孩子阅读。只当是再去看一看李白、杜甫、白居易，读一读李白那首《将进酒》，读一读杜甫那首《石壕吏》。在阅读时，去体会李白心中那些喷薄而出的乐观、悲观、自信、自卑、快乐、悲伤等极致的情绪体验。

我陪着孩子们阅读时，会用心去感受：《石壕吏》中，年迈的妇人接到儿子的信时，她那种痛彻心扉的撕裂一般的苦痛；《江南逢李龟年》中，杜甫在悠远平静的情感之下，对整个时代即将落幕的悲伤。

我只是在体会、在感受，并没有因为阅读而感受到任何其他的压力。所以，我觉得，成年人在陪孩子阅读时，其实是幸福的。我们没有任何世俗的压力，今天看也可以，明天看也可以；怎么读都行，什么时候读都行。

在某种程度上，阅读是一种救赎，是一个创造全新生命的机会。

甜甜老师送给家长朋友们一句话

很多人觉得阅读无用，文学无用。但我始终认为，那些"浪费"在阅读上的岁月才是生命中最皎洁的光阴。来人间一趟，我们吃好的食物滋养肉身，读好的书籍滋养灵魂，这就是我们爱自己的方式。而爱自己，是终身浪漫的开始。